经济管理学术文库·其他类

中部崛起战略下的河南青年发展研究

Henan Youth Development Research Under the Central Rise Strategy

胡湘明／著

经济管理出版社
ECONOMY & MANAGEMENT PUBLISHING HOUSE

图书在版编目（CIP）数据

中部崛起战略下的河南青年发展研究/胡湘明著 . —北京：经济管理出版社，2019.12
ISBN 978－7－5096－6970－9

Ⅰ.①中⋯　Ⅱ.①胡⋯　Ⅲ.①青年工作—研究—河南　Ⅳ.①D432.6

中国版本图书馆 CIP 数据核字（2020）第 010175 号

组稿编辑：胡　茜
责任编辑：胡　茜　姜玉满
责任印制：黄章平
责任校对：陈晓霞

出版发行：经济管理出版社
　　　　　（北京市海淀区北蜂窝 8 号中雅大厦 A 座 11 层　100038）
网　　址：www. E－mp. com. cn
电　　话：（010）51915602
印　　刷：北京玺诚印务有限公司
经　　销：新华书店
开　　本：720mm×1000mm/16
印　　张：14
字　　数：251 千字
版　　次：2020 年 4 月第 1 版　　2020 年 4 月第 1 次印刷
书　　号：ISBN 978－7－5096－6970－9
定　　价：69.00 元

序

承蒙胡兄抬爱，有幸拜读《中部崛起战略下的河南青年发展研究》一书，欣赏之余提笔拙言几句：

本书把青年发展作为讨论主题是作者心系中华民族伟大复兴抱负之志的人生体现，亦是经年累月职业操守的最好见证，更是多年为之奋斗的经验封笔。胡兄一生致力青年研究和青年工作，谋求国家长远与未来，保江山与青年，促进步与青年，日月浩宇，朗朗正气，让人肃然起敬。本书把研究对象置于中部崛起和河南地方是历史和现实的时空选择，是宏大主题落入具象把握的转向链接，这种方法论框架使研究的理论分析与社会实践有了连接桥梁，体现了青年发展的历史和地域特色，同时把学术的真问题和实践的真问题对接起来，可谓上下协同，天地一致，理论性、现实性不言而喻；本书把青年区分为不同类型，这是深化研究的必然诉求，事物因区隔而不同，因类化而多样，在背景文化的浸润下，青年个体的发展逻辑同中有异，而人本主义和结构主义争论模糊其间，为此确立马克思主义认识论和方法论成为作者研究青年发展的总开关；本书基于发展范畴的解读和拓展，实施青年发展图景的设计，研判直接与间接、可能与可行，择其关键而论之是抽取本真的去繁要求，在后现代的嘈杂声中，战略定位、主流引领、参与塑性弥足珍贵，道破了发展的机制进路，读来使人豁然开朗。在这里，作为方法的经验解释是问题导向的实证主义，包括对主体及其相关领域的认识；作为立场的政治站位是马克思的全面发展观，以此关照青年及国家未来，两者贯穿于全文始终，区别在于章节的侧重不同，发展样态是其经验论式的考察对象，发展本质是其理论分析的诉求目标。

微词评说之后，心中虽有释怀但也忐忑不安，总怕还有遗漏和瑕疵，可限于知识和能力，只有如此而已。

是为序！

高中建

河南师范大学社会事业学院院长、教授

河南师范大学青少年问题研究中心主任

河南省青少年研究会会长

2019 年仲夏于研究中心

前　言

青年发展是人生成长历程中最关键的时期所经历的发展，其中既包括受自身因素影响而实现的自主性成长，也包括受社会与国家因素影响而实现的社会性发展，而后者更为重要，是青年发展的本质，也是人类、社会和国家发展的基本支撑。

自第二次世界大战结束以来，青年发展逐渐成为全球性重要课题。1995 年联合国通过的《到 2000 年以及以后世界青年行动纲领》（联合国第 50/81 号决议），宣告全球化青年发展时代的到来。

以全心全意为人民服务为宗旨的中国共产党，高度关心和支持青年发展工作，将推动青年发展视为党和国家的重要事业，建立了一系列促进青年发展的政策体系和组织体系，有力地推动了青年及青年工作的开展。

党的十八大以来，在继承优良传统的基础上，党的青年工作日臻完善，党的青年发展理念更加成熟。随着《中长期青年发展规划（2016～2025 年）》的正式出台，"党管青年""青年首先要发展"以及"青年兴则国家兴、青年强则国家强"等理念的确立，标志着中国青年发展事业正式上升为国家战略，青年发展被列为国家优先发展领域，彰显出青年发展与国家发展的高度同构性。

长期以来，由于历史、地域和政策的原因，河南的发展以及河南青年的发展始终波澜不惊，和国内周边特别是发达地区相比，青年发展更是进退失据。作为国家重大经济社会发展部署，2006 年中部崛起战略开始启动，河南青年也由此迎来了属于自己的发展新时代。

中部崛起战略是一种后发性发展战略，意味着国家对中部地区经济社会发展在政策上和资源上的强力推动。在此之前，中部地区是中国经济的"洼地"，在一定程度上拖累了中国经济整体的发展水平。在此基础上，原有的青年发展水平也必将面临新的改造与提升。

中部崛起战略是一种经济性发展战略，意味着中部地区发展环境的新建构。2006 年 4 月国务院出台了《关于促进中部地区崛起的若干意见》，提出要把中部建成全国重要的粮食生产基地、能源原材料基地、现代装备制造及高技术产业基地以及综合交通运输枢纽。青年发展的职业方向与素养要求必将面临新的重构。

中部崛起战略是一种持续而深刻的社会性发展战略，意味着中部地区持续而深刻的社会变化。自 2006 年正式实施中部崛起战略至今，已历时十余年，期间又经历了 2009 年和 2016 年两次大的发展规划制定与实施。2014 年，习近平先后两次来河南考察，为河南发展描绘了"让中原更加出彩"的发展愿景；2019 年 6 月，习近平总书记在江西考察时，再次就中部崛起战略提出了八点意见，凸显出中部崛起战略更高的要求和水平。与此相应的河南青年发展也必将迎来广阔的空间和前景。

站在这一特定的时代背景下，青年发展问题不仅是一个紧迫的理论问题，也是一个重大的实践问题。

本书采用社会调查与观察、史料分析与归纳、理论依循与探索的方法，围绕中部崛起战略背景下的各类青年发展的紧迫性问题、关键性问题和时代性问题，挖掘河南青年发展的历史与现实规律，探索河南青年发展方向，研判青年发展、国家发展与社会发展的逻辑关联。为河南青年发展实现新跨越，为中部更加出彩做出应有的贡献。

目　录

第五篇　特殊青年群体发展

第六篇　公益事业与青年发展

第 一 篇

青年发展战略与政策

第一章 中部崛起背景下河南青年发展及其战略研究

【摘要】本章以马克思主义青年发展观为指引，以战略发展的社会动力学为模型建构，借助系统论、运筹学和数理处理的基本思维模式，对近十年来特别是实施"中部崛起"战略以来，有关河南青年发展的研究数据的整理和政策实施的考察，探索河南青年发展战略的基本架构。结论认为，青年发展战略的产生受制于外在的政府推动、现实的问题解决和内在的优势发挥三大基本系统的影响。由此产生叠加效应，导出青年发展战略的三大区间：优先发展区间（包括就业创业、教育、品德类发展取向）、重要发展区间（包括社会参与、贫困解决和文化发展取向）、一般发展区间（包括健康和预防犯罪取向）。其中在优先发展区间中还存在特有的带有地方特色的和时代特征的子发展区间。作为河南青年发展规划制定的参考，本章研究将在未来的时间内，继续补充完善，以达到系统化和精细化。

一、问题的提出

（一）关于青年发展战略

马克思主义青年发展观认为，青年的发展既受制于青年自身主体内在的需求及遗传基础的影响，也取决于外在的环境因素决定性影响。在国家尚未形成有效发展秩序状态下，青年的发展更多是社会性的、不随意的自我发展，而当国家开始能够整合全社会各种资源，并通过国家战略来引导青年向特定方向发展的时

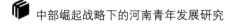

候，青年的发展则不可避免地附加上了国家战略性。基于这样的背景，青年发展战略日渐成为青年学科领域较为全新的概念。

结合国际和国内的一些表述①认为，青年发展战略是指以政府指引为依据的带有全局性、根本性、长远性的"国家层面"②上的青年发展指引或规划。在此框架下的青年发展则称为青年的战略性发展，其本质可以认为是在国家施加影响下的发展。同一般意义上青年的社会性发展相比，青年国家战略性发展具有以下五大特点：一是未来性，一般意义上的青年发展倾向于考察在早期生长积淀基础上当下的自然结果，而青年战略性发展更多地指向未来，其中有中期（5~6年）发展战略或长期（10~15年）发展战略；二是全局性，一般意义上的青年发展倾向关注一般个体青年发展历程，而青年战略性发展则指区域或全国性的青年发展；三是国家干预性，一般意义上的青年发展更多的是生物学或社会学层面，而青年战略性发展则具有显著的国家控制或指引性；四是方向性，一般意义的青年发展呈多元化或多样化态势，而青年战略性发展多以国家发展战略为依据，则具有确定的战略方向；五是核心价值内隐性，这种发展必须具备内在核心价值的支撑，即发展的价值导向具有国家主导特征。

（二）青年发展战略的要素构成

发展问题是一个系统性问题，其中要素多样而又关联，但最重要的莫过于要回答三个问题：一是实施战略发展的国家动机；二是战略发展的目标或方向；三是战略发展的途径。对这三个问题的回答也就形成了对三大要素的研究：一是青年战略发展动力问题；二是青年战略发展目标问题；三是青年战略发展的途径问题。

（三）青年发展战略的产生与演进

青年发展战略这一概念的产生，随着全球性社会的变革浪潮，呈现出由域外到国内、由弱到强的渐进式演变的历程。

1985年，联合国为解决全球性青年权益、疾病、暴力、失业等社会问题而发起了主题为"参与、发展、和平"的第一个"国际青年年"，是国际社会关注

---

① 余逸群. 我国青年发展战略研究理论和方法新探［J］. 理论探讨，1993（6）：21-24.
② 周晓燕. 国家视角下的青年发展［J］. 青年发展论坛，2017（3）：3-11.

青年事务的一个重要"分水岭";1995 年"国际青年年"十周年之际,联合国制定了《到 2000 年及其后世界青年行动纲领》,进一步掀起了全球性重视青年发展的浪潮。截至目前,据不完全统计,在 185 个成员国中已有 153 个国家制定了跨部门的国家青年政策,即 83% 的成员国有了国家青年发展政策①。

改革开放以来,党和国家以马克思主义的青年发展观为指导,在老一辈革命家高度重视青年工作的基础上,顺应时代潮流,开启了积极探索建立青年发展政策体系的征程。1993 年共青团十三届二中全会通过的《在建立社会主义市场经济体制进程中我国青年工作战略发展规划》及其"跨世纪青年文明工程"和"跨世纪青年人才工程"两个配套工程,应该是首个以行业为牵头,率先实施的在特殊领域的中长期青年发展规划;与此同时,全国一些有条件的地区和行业,也开始尝试建立区域性和行业性的青年发展战略,为建立全国性青年发展规划奠定了基础,积累了经验。直到 2017 年,中共中央、国务院正式印发《中长期青年发展规划(2016~2025 年)》(以下简称《青年规划》),作为新中国历史上第一个国家级的青年发展规划,成为我国青年发展战略事业进入规范的快车道的里程碑式标志。

从上述发展历程可以看出,有关青年战略发展概念的变迁经历了三大转折:一是青年发展开始从边缘性话题到全球性、优先性关注目标;二是青年发展正在成为国家发展战略的重要组成;三是通过青年发展战略的制定与选择,可以引导青年可持续地、健康地、稳定地发展。由此推动青年发展从纯粹的人类学和社会学层面,开始迈向国家发展的战略层面。

二、青年发展战略研究综述

从学科的关系上,青年发展战略研究既不属于纯粹的青年发展研究,也不属于单一的政府工作战略及政策制定,而是介于青年发展研究与青年发展战略制定间的应用型学科研究。前者应是青年战略研究的基础,而后者是青年发展战略研究的归宿。在某种意义上,青年发展、青年发展战略、青年发展政策三者间唇齿相依、互为因果,而且从历史的延续看,存在一定边界重叠、概念混用的发展历

①　杨雄. 国家战略与青年发展 [J]. 青年研究,2006 (12):37–41.

程。当然，作为一种科研行为，青年发展及战略的研究同青年发展政策制定相比，显得更复杂且多元。

仅以我国相关研究为例，早期的青年发展战略研究多以社会调查的方式展开的，以此形成专题调研报告或内部文件，并成为制定规划的重要依据；后来随着研究主体的分化和市场化，"皮书"特别是青年发展蓝皮书——以"出社科精品，创传世文献"为宗旨的社会科学文献出版社的品牌的呈现，开始成为青年发展规划研究的新的载体。在此基础上，随着青年发展研究的有关指标体系和评价体系的建立日趋完善，一些大中型城市和地区青年发展报告的相继推出，全国性"政府＋智库＋社会"的青年发展战略的研究体系逐渐形成。与此同时，一些学者开始关注青年发展战略研究的相关概念问题、理论问题和方法问题，尝试探索建立有关青年发展研究领域的研究体系及其与其他学科的关联性问题。

同全国大部分地区一样，河南对青年发展战略的关注及研究也起始于改革开放以后。基于河南的省情和实际，更多的是对特殊青年群体发展的关注，如对城市务工青年发展问题的研究、对外出务工青年发展问题的研究、对大学毕业生就业发展问题的研究，对全省留守儿童成长等问题的研究，成为全省青年发展重中之重。与此相应的青年发展规划推出与实施，自然也就成为河南青年工作的重要战略领域。随着中部崛起战略的实施，青年发展问题也开始引起政府高度重视，并逐步提到重要议事日程。2008年11月，河南省委省政府首次召开全省青年工作会议，深入讨论河南青年发展及青年工作问题，这在全国也尚属首例。会议期间，时任省委书记徐光春同志，就河南青年发展的指导思想、目标和任务以及发展的方式方法，以"一个基础""三项任务""三个转变"为政策框架而确定下来，并就青年发展的方法论上，旗帜鲜明地确立了"党委＋政府＋群团＋社会"青年发展统筹协作机制，这在一定程度上显示出政府层面的青年发展河南战略的初步形成。2009年，根据省委青年工作会议精神，共青团河南省委相关部门草拟《河南省青少年事业发展规划（草案）》，尝试着在行业范围内推行青年发展规划，虽然因条件未成熟等原因，没有完整实施，但作为一项有益的探索为河南青年发展奠定了政策性基础。

总体而言，无论是从时间角度还是从成果考验角度，有关青年发展战略的研究仍旧处于初级阶段，其体系的建立与完善仍有待时日。本研究所确立的青年发展战略研究，也仅仅是结合河南青年发展形势，就河南青年发展战略的基本框架所包含的三大要素而展开，最终为河南青年发展战略规划的制定提供基本依据。

三、中部崛起背景下河南青年发展战略的动力与现实基础

（一）河南青年发展战略制定的动因分析

1. 从战略上关注青年发展是全球青年事务发展领域新趋势

1995 年，联合国制定了具有历史意义的《到 2000 年及其后世界青年行动纲领》，首次在国际舞台上专门论述青年问题，将青年的社会推动作用、受益角色和弱势地位并列起来，明确将青年上升到社会发展的战略高度，把青年群体视为21 世纪人类社会发展的重要推动力量。许多国家将青年事务纳入政府的各级努力目标，成为社会发展总体规划的重要组成部分，旨在进一步提高国家在青年领域中的行动能力，以有效增强掌握文化知识的人才为主要构成要素的综合国力。

2.《中长期青年发展规划（2016～2025 年）》促进青年战略性发展意识的觉醒

自新民主主义革命特别是新中国成立以来，党高度重视青年的发展，并把对青年发展的战略指引纳入党和国家事业的重要组成部分。作为受党和国家的委托对青年实施管理的专门机构——中国共青团，在引领青年发展，实现国家青年战略性发展意图上，发挥着巨大的不可替代的作用。直至 2017 年 4 月，中央印发《中长期青年发展规划（2016～2025 年）》（以下简称《规划》），喻示着我国有关青年的发展上升到国家化、法治化和战略化层面。同年 10 月召开的党的十九大向全世界宣布，当下的中国已进入中国特色社会主义新时代，坚持党对一切工作的领导成为这一时代最重要的标志。结合《规划》中所强调的"党管青年"原则，有理由相信我国青年发展已进入由国家主导的战略化发展新时期。

3. 河南"中部崛起"战略的实施为青年战略发展奠定了基础

现代社会的发展处在一个由政治、经济、社会、文化、人文诸要素互动构成的复杂社会网络系统之中。作为社会有机组成部分的各要素具有相互依存、相互作用的融合关系，每个要素既是社会整体发挥功能不可缺少的条件，又是其他要素发展不可缺少的条件。

中部崛起是指促进中国中部经济区——河南、湖北、湖南、江西、安徽和山

西六省共同崛起的一项中国中央政策，2004 年 3 月 5 日首先由温家宝总理提出①。党的十八大以来，以加快推进实施"国家粮食生产核心区""中原经济区""郑州航空港经济综合实验区""郑洛新国家自主创新示范区""中国（河南）自由贸易试验区"以及打造国家中心城市等为代表的国家战略规划相继落地河南，从此中部崛起发展战略又增添了新的内涵，河南再一次站在新起跑线上。面对这一新的历史机遇，将以怎样的姿态迎接，是摆在全体河南青年面前的重大人生课题。正像共青团河南省第十四次代表大会上的工作报告中所描绘的那样，"当代河南青年生逢其时"，以此彰显出河南青年的发展方向的确定，比以往任何时期都更为紧要。

4. 厚重的中原传统文化为新时期青年发展提供新的滋养

中原文明是中华文明的重要代表，其历史可以追溯到"三皇五帝"时期。然而，长期以来，传统文明一直被误读为一种保守和陈旧，并在一定程度上的确限制了人们的思维视野，以至于一度成为解放思想、改革创新的羁绊。

党的十八大以来，随着党的文化建设的加强特别是对传统优秀文化的大力弘扬，文化作为一种发展的软实力凸显出来。长期以来，在河南发展的历史长河中所孕育诞生的绣工精致的开封汴绣、独具匠心的木版年画、神乎其技的少林功夫、刚柔并济的太极拳等文化形式，向世人充分展示出河南独特而悠久的历史文明。由此，河南作为中原的腹地，其发展的潜在价值也逐渐释放出来，一些人文古迹和中原特有的人文景观（见图 1-1）在向世人述说着古老的文明的同时，也在沁润着广袤的中原大地和中原人内心深处。

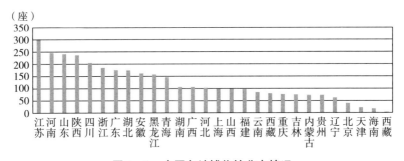

图 1-1 全国各地博物馆分布情况

资料来源：《国家统计年鉴》（2015）。

---

① 参见温家宝在第十届全国人代会上所作的《政府工作报告》。

继河南省八次党代会提出"加快从文化资源大省向文化强省跨越"和河南省九次党代会提出"加快建设文化强省"的文化建设奋斗目标之后，时任省委书记谢伏瞻在河南省第十次党代会报告中提出要"加快构筑全国重要的文化高地"的奋斗目标。这是河南省委对"十三五"时期河南文化发展提出的新目标，标志着河南文化建设站在了新的历史起点上。

5. 长期以来因经济与社会发展在全国的低位次所积累的压抑

压抑会抑制人的行为，但也会转换为发展的动力。

由于历史、地域、文化和政策上的原因，河南在经济和社会发展上同全国其他地区相比，长期处于低水平发展层次。与此相应的青年及青年事务的发展也是相对落后的，有关青年的战略性发展问题如青年发展的指标体系的建立、青年文化及文明素养的培养、青年特别是农村青年创业就业水平的提高、青年国民教育的公平性缺失、青年文化歧视和地域歧视等问题都是横亘在河南青年发展道路上的巨大障碍。如何尽快突破障碍、重塑自信而强大的自我，是长期以来河南青年发自内心的期盼，也是孕育已久的内在动力。

6. 曾经的灿烂与辉煌始终让河南心存复兴梦想

河南是中华文化的发祥地，在中华文明乃至世界文明发展进程中，有过灿烂辉煌的时刻；中原文化博大精深，孕育了特有的中原人文气质。虽几经沧桑、天地轮回，这种优良的文化传统和内在精神依然浸润在中原大地的山山水水之间，铸就了一代代具有平凡、朴实、善良、敢于担当精神的河南人①。同全国人民一道，在实现"中国梦"的同时，实现河南文化与文明的伟大复兴，打造河南青年特有的精气神，也是河南青年念兹在兹的期盼。

（二）河南青年发展所面临的现实问题

1. 历史欠账太多，河南青年发展的物质基础仍较薄弱

长期以来，由于地理和政策的制约，河南的工业化发展水平停留在"粗""低""重"层次上。改革开放以来，虽经政府努力，不断调整并实施新的工业化发展战略，但和全国其他地区特别是经济发达地区相比，仍有较大差距。由此导致工业"反哺"社会特别是青年社会的基础整体较弱，具体表现为青年收入

① 王耀.'三平'精神：河南人民的新名片［N］.人民日报，2010－12－31（007）.

水平、受教育水平、社会保障水平、医疗健康水平①和就业创业发展等方面均处于较低层次，严重制约了青年的发展。

2. 青年发展的公民素养相对处于较低水平

公民素养涉及政治素养、道德素养、科学技术素养等方面，是衡量公民文明意识水平的重要标志。长期以来，由于教育的欠发达性、地域的相对封闭性以及传统意识当中陈旧的思想作祟，与相对发达的地区相比，河南人整体素养差距较大②，由此导致的针对河南人的地域歧视也在所难免。

3. 思想观念相对滞后

思想观念也就是人们通常所说的看法，包括：政治观念、人文观念、经济观念、法律观念等类型。由于历史、文化和政策开放程度等因素的制约，河南人的思想开放程度、创新程度等思想观念始终难以有效突破固有的思想樊篱。在此方面最能说明问题的当属发生在 20 世纪 70 年代的中国科技大学迁址一事上③，当时中央有意向选址河南建校，但由于河南较弱的经济条件的限制以及省委领导的重视不够，错失了一次引入高层次教育机构、促进河南教育发展良机，导致无法挽回的历史性遗憾。

4. 青年人力资源向外流失现象严重

人才资源是众多社会资源中最为重要的资源，是生产力发展诸要素中最为关键的要素。长期以来，由于历史、经济基础、政策环境等原因，导致河南人力特别是青年务工人员（含农民工）资源大量流失，据不完全统计，平均每年外出打工的农民工多达两千万之众，以至于造成了和全国的青年人口在 20~45 岁这一年龄段平均比重相比，出现明显（近 1 个百分点）的人口"塌陷"奇观（见图 1-2）。虽然每年都有返乡创业的青年为河南的发展在积攒贡献，但总体上在削弱着河南发展的基础动力。

然而，更为关键的是，河南人力资源的缺失还表现在高端人才的培养和造就的匮乏上。据相关研究表明④：由于河南经济基础差、人才政策体系不健全等原因，导致河南存在劳动力整体素质较低、技术人员比重低、专业技术人员的创新

---

① 参见河南省政协十三届一次会议报告。

② 黄洪基. 2014 年中国都市青少年发展报告（第 1 版）［M］. 上海：上海交通大学出版社，2015：25-26.

③ 参见中国科技大学校史馆网站"校史概览"，http：//arch. ustc. edu. cn/history. htm.

④ 秦健，何晓. 打造河南人力资源高地　助推中原经济经济区建设［J］. 学习论坛，2013（1）：43-46.

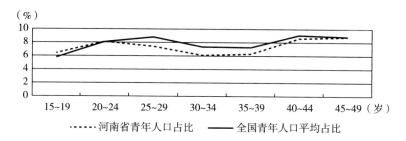

图 1 - 2　河南青年人口占比与全国青年人口平均占比对比

资料来源：《中国统计年鉴》（2015）。

能力和开发能力不够等重大"短板"现象。

（三）河南青年发展战略目标的基本架构

发展战略目标的架构是一个巨大的系统工程，其依据需要从社会学、政治学、心理学、人类学等学科中寻找，其思维方法需要从系统论、运筹学以及统计理论中去建立。本章将以社会动力学观点为依据，结合系统论、运筹理论及基本的因素分析等观点，在整合以往相关研究和调查的基础上，尝试建立河南青年战略发展目标的基本架构。

根据人类社会发展理论，发展目标的产生源自发展需要以及发展动机的建立，即目标的产生基于"需要—动机—目标"模型。为简化研究，发展需要与发展动机合二为一，统称为发展动力，并在此基础上设定青年战略发展的三大基本动力：以政府推动为主导的外部动力，以问题解决为主导的现实动力，以优势发挥为主导的内在动力（见图 1 - 3）。以此为出发点，探索各维度上的目标点以及三个维度间的交互关系，最终形成河南青年发展战略的优先区域、重点区域和一般区域。

1. 以政府推动为导向的青年发展

政府推动主要是指政府基于现实问题存在、未来国家发展保障以及青年发展干扰排除等多重因素的考虑①，通过政策制定、资源整合与配置的方式为青年发展提供支持。应该说，政府推动最具发展战略特征，但由于受地域性、时效性和生

---

① 中国青少年研究中心. 联合国《到 2000 年及其后世界青年行动纲领》实施十周年（1995 ~ 2004）特别调查：中国青年发展报告［R］. 中国青年研究，2005（11）.

图1-3 青年战略发展的三维动力模型

态学效度的限制，其地区针对性和有效性将会受到影响。当然，这并不影响研究上的借鉴，本章将以全球性、国家性和地方政府性三个层次的政策为样本，通过因素叠加的统计处理来寻找发展战略方向（见表1-1）。

表1-1 政府对青年发展的政策因子和政策支持

数据来源	政策因子									
中央《中长期规划》	思想道德	教育	健康	婚恋	就业创业	文化	社会参与	权益维护	犯罪预防	社会保障
联合国1995年《青年行动》	教育	就业	饥饿（社会保障）	健康	环境	药物滥用	犯罪预防	闲暇（权益）	妇女儿童（权益）	社会参与
河南"十三五"规划中有关青年人口发展	教育（含思想品德）	贫困（社会保障）	创新创业（就业）	高层次人才培养（教育）	城镇化发展（社会融入）	文化发展	健康	综合治理（犯罪预防）		
河南共青团关于青年的发展目标	思想品德	创业就业	青年贫困问题	特殊群体权益	社会参与					
政策支持										
河南青年发展配套政策（每项政策记1个"+"号）	河南省教育事业发展"十三五"规划（2017年1月，河南省教育厅）									
	《河南省中长期人才发展规划纲要（2010~2020年）》（2015年6月，河南省人社厅）									
	《关于进一步加强和改进未成年人思想道德建设的实施意见》（2004年7月，河南省委、省政府）									
	《高等职业教育创新发展行动计划（2015~2018年）》（2016年10月，河南省教育厅）									

续表

政策支持									
累计分值(每项目标记1分,配套政策每项记一个"+")	创业就业类 4	教育类 3++	品德思想类 3+	权益维护类 3	社会参与类 3	贫困青年类 3	文化发展类 2	健康类 2	犯罪预防 2

从表1-1可以看出,在政策倾向上,河南青年发展优先方向与国家中长期计划有一定的差异,把创业就业特别是创新意识与人才的培养摆在了第一位,这与当前河南的战略方向是一致的。

2. 以问题解决为导向的青年发展

"问题就是最大的目标",这是目标制定的基本原则。事实上,1995年联合国制定的《到2000年及其后世界青年行动纲领》中所提出的青年十大优先发展领域,就是基于当时世界范围内青年所面临的问题而定的。在我国,一些即时性发展政策也基本上都以问题导向而出台的。因此,从当前青年所面临的问题出发,寻找青年发展的策略与方向,也是战略制定的重要切入点。本章通过以往对涉及河南省有关青年发展的大型研究和调查中,进行因素筛选和叠加处理,从中探索发展战略方向(见表1-2)。

表1-2 近年来有关河南青年发展问题调查中的数据

调查来源	问题因子				
《国家统计年鉴》(2015)	巨量外出农民工问题(内生就业性弱)	青年群体收入低(社会保障)	社会组织数量少(参与度不高)	人口死亡率较高(健康问题)	高素人才培养
《"十二五"与中国青年》(杭州团校全国调查河南部分)	农民工子女教育问题	宗教信仰问题(思想类)	农民工权益问题		
《中国都市青年发展报告》(2014)(上海团校全国调查河南部分)	青年素养问题(思想品德类)	社会参与度偏低	青年就业质量低	心理健康问题	
《河南社会蓝皮书》(2017)	青年收入偏低	就业呈现结构性矛盾	创意性人才紧缺(人才培养)		

续表

调查来源	问题因子					
专项配套调查研究（每项研究记1个"＋"号）	《河南文化发展蓝皮书》（2017）					
累计分值（每项目标记1分；每项专项配套研究记一个"＋"号）	就业创业类 3	高素质人才培养类 2＋	思想品德类 2	社会参与类 2	收入类 2	健康类 2

从表1-2可以看出，以问题为导向的青年发展方向，呈现出以满足广大青年高质量特别是农民工创业就业等民生问题上，与政府主导的方向又有所区分。

3. 以优势发挥为导向的青年发展

从人类进化史和社会发展史角度看，每一个民族或群体都有其自身独有的优势基因，而这一基因一代代的传承与弘扬是这一民族发展生生不息的内在动力。基于长期而深厚的文化积淀，河南青年对本土文化怀有广泛而深刻的认同，如何继承和发扬传统优秀文化，在坚持共性和个性统一的基础上，走自己的特色发展之路，也是当今社会发展与青年发展战略实施的着力点。本章将依据具有代表性的河南青年优势特点与资源研究数据，通过简单因素分析与叠加处理，探索河南青年发展战略方向（见表1-3）。

表1-3 近年来有关河南青年优势发挥的调查数据

调查来源	优势因子			
《河南省"十三五"规划》	较高的传统文化自信	艰苦奋斗精神	文化发展	
《"三平"精神：河南人民的新名片》（王耀，2010）	求真务实	敢闯敢拼	爱国爱乡	
《河南人的性格特征及其形成的原因》（刘双，2000）	忠厚	勤劳节俭	守乡眷土	传统
专项配套研究（每项记1个"＋"号）	《河南文化发展报告》（2017）			
累计分值（每项目标记1分；每项专项配套研究记一个"＋"号）	艰苦奋斗类 3	文化认同与自信 2	忠厚类 2	文化发展类 1＋

从表1-3中可以看出，河南青年最大的优势在于具有艰苦奋斗（敢闯敢拼或勤劳节俭）的精神，以及对自己老祖宗留下的文化基因的认同与自信。根据简单因素分析，这些优势特征在一定程度上也是特殊的思想品德类因子，可以认为是一种特色类的思想品德教育。当然，因子中"传统"因素显然和政府提倡的创新理念有一定冲突。

4. 三维发展动力叠加下的河南青年战略发展区间

若以分值大小进行排序，分值越高，重要性越强，以上每个维度则展示出不同的发展优先程度。可以认为，一个完整的青年发展战略应该是基于上述三维动力共同施加作用的结果。由此，以三维动力因子的排序为变量，进行同位叠加便得到青年发展战略的三大基本区域空间：优先发展区、重要发展区、一般发展区（见图1-4）。

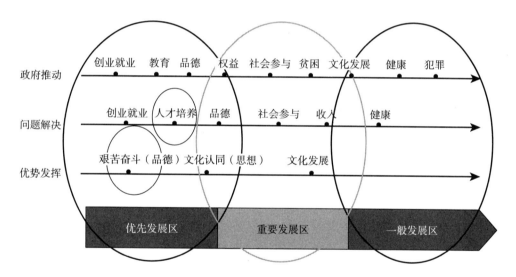

图1-4 三个发展维度按因子位次排序后叠加

从图1-4可以分出三大发展区间：一是优先发展区间，它包括青年就业创业发展、青年教育及人才培养、青年思想品德培养等发展领域。其中，作为品德教育的子目标，艰苦奋斗等优良品德的发展可以作为河南省特色发展或优势发展目标；同样，教育类发展目标中的高端创新型人才的培养也可以作为教育类发展目标的子目标，予以特别关注。二是重要发展区间，它包括青年民生权益维护、社会参与和文化发展等发展领域。三是一般发展区间，它包括青年健康发展、犯罪预防等发展领域。

（四）青年发展战略实施的基本途径

有关青年战略性发展的途径应该属于政策实施的问题，在此方面《规划》已提出了很好的政策性建议，本章不再过多赘述，只提出以下三点意见。

（1）遵循《规划》中关于青年发展规划的实施方案要求，调动政府力量协同推进。

（2）营造良好社会氛围，建立政策（含法制）引导、教育引导、文化引导机制。如果说政府职能的推动是硬性措施的话，那么政策引导、教育引导和文化引导就是引领青年发展的软实力。各级政策制定机构、文化教育机构应把有益青年战略发展的相关理念、思想和价值取向植入相关的制度、知识和思想体系中去，让青年和社会逐步地去吸收、接受和认同这些理念和意识，最终促进全社会对青年一致的正向影响。

（3）广泛调动社会力量，凝心聚力，投身到促进青年发展的洪流中去。负熵理论告诉我们，随着一个系统中熵值的增大，系统的混乱与惰性会不断增加，使系统稳定的方法就是要提供让其把熵外放的手段，引入外部的负熵可以让系统获得新的活力。支持社会组织参与社会治理，培育壮大多元社会组织，推进全社会青年健康发展是政府一贯的态度。长期以来，由于计划经济体制的影响，有关青年的发展似乎只是政府的事，社会参与青年发展的活动不能、不够、不多，随着全面深化改革的不断深入，特别是党的十八大以来，中央在全国范围内实施社会治理创新工程，社会力量参与国家建设与发展成为可能。在此背景下，政府相关机构以及枢纽型群团组织担当起桥梁的作用，广泛联系并发动全社会力量和机构参与到青年发展事业中来，形成全社会共同关心青年推动青年健康发展的良好氛围。

四、结束语

因资料和调查数据的有限性，本章在发展战略目标的筛查中以及目标的标准制定上都存在一定的缺憾，只是在以往有关河南青年的调查研究和政策实施的基础上进行的一次粗线条的和半实证性的探索，其目的是为下一阶段更精细化的、更系统的研究打下基础，为当前制定河南青年发展规划提供基本参考。本章研究结束之时，恰逢党的十九大胜利召开，谨此向党的十九大献礼！

第二章　河南省青少年发展政策创新研究

——"三理"教育的理念与实践

【摘要】21世纪初，基于进一步加强青少年特别是未成年人思想道德教育的时代背景，在河南省委的直接倡导下，河南省发动了强大的青少年思想教育行动，其中以实施"三理"教育作为行动的载体，创立了党政群全面动员、各级教育机构具体实施的青少年教育的生动实践，其影响深远而巨大，被誉为河南新形势下青少年思想教育的有益创新。本章从其产生的背景、实施的整体思路和具体方案等方面，给予了全面的总结，为今后一个时期河南青少年思想教育工作的完善与提高提供参考依据。

一、引　言

"三理"即生理、心理和伦理教育，是在党中央、国务院和河南省委、省政府关于加强和改进未成年人思想道德建设、大学生思想政治教育的总体要求下，提出的富有创造意义的重大新举措，正如原河南省委副书记、原河南省政协主席王全书同志所说："它涵盖了青少年思想道德教育的主要内容，抓住了未成年人和大学生成长、成才的突出问题，体现了中央、省委加强和改进青少年思想道德教育的基本思路。"应该说，在青少年思想教育方面，全国各省市都积累了不少成功的经验，而把伦理、心理和生理知识放在一起，融为一体，明确提出"三理"教育这个概念，河南是第一家，这是河南省的一大创新。从这一角度讲，探索和总结"三理"教育机制，建立富有河南特色的青少年思想教育体系，对推动全国青少年思想品德教育具有重要的现实意义和理论意义。

二、"三理"教育理念的创立及其社会背景

"三理"教育理念的提出及实施，是一项颇具河南特色的青少年教育工程，自 2005 年提出以来就备受世人瞩目。如何把握"三理"教育的精神实质，从而更好地贯彻落实党中央国务院关于进一步加强未成年人思想道德建设指示精神，这是每一个青少年思想工作者应该认真思考的问题。了解"三理"教育理念提出的背景，将有助于更好地全面把握"三理"教育的精神实质。

（一）"三理"教育理念的提出是党中央国务院关于加强未成年人思想教育的总体要求的具体实施

未成年人是祖国未来的建设者，是中国特色社会主义事业的接班人，他们的思想道德素质、科学文化素质、身心健康状况如何，直接关系到党和国家的前途命运，关系到中华民族伟大复兴目标的实现。2004 年 3 月，党中央、国务院下发了《关于进一步加强和改进未成年人思想道德建设的若干意见》。2004 年 5 月和 2005 年 1 月，中共中央分别召开了全国加强和改进未成年人思想道德建设工作会议、全国加强和改进大学生思想政治教育工作会议。在两次会议上，胡锦涛总书记、李长春同志等中央领导都发表了重要讲话。中共河南省委、省政府先后也下发了两个"实施意见"，召开了两次会议，对贯彻中央文件和胡锦涛总书记的重要讲话做了部署。由此拉开了河南省贯彻中央和省委关于加强和改进未成年人思想道德建设、加强和改进大学生思想政治教育的序幕。

（二）"三理"教育理念的提出与当前青少年思想状况

为进一步深入贯彻落实中共中央和河南省委关于加强和改进未成年人思想道德建设的决策和部署，大力推进未成年人思想道德建设，河南省文明建设指导委员会办公室和郑州大学公民教育研究中心，于 2005 年就河南省未成年人的伦理、心理、生理知识教育状况进行了专题调研，2005 年初春，一份万言调研报告呈到了省委有关领导的案头。

报告显示：接受抽样调查的教师，51.5% 的人认为学校教育"导向偏离，重

智育轻德育"，德育"内容脱离学生道德实际"；58.8%的人认为，需要"进一步贴近学生各年龄段道德发展实际的"德育。报告同时显示：在心理健康教育上，学校相当程度上存在随意性、盲目性和缺乏规范性的问题；38.3%的家长的教育方式是溺爱型或专制型，47.3%的家长对心理健康知识了解甚少，母子、父子或老师与学生之间，缺乏心灵的沟通。在生理知识方面，儿童偏食、龋齿现象普遍，初、高中生患近视、肥胖、神经衰弱者增多。

"从某种程度上说，学历层次越高，道德水平越低。在伦理道德教育这一块我们原来的教育是倒置的。在幼儿、儿童时期主要应该进行文明行为教育，在中学、大学阶段进行法制、理想、信念等方面的教育。可是，现在的大学生、研究生的文明行为还存在问题。比如，大学生随地吐痰，乱扔纸屑，乱说脏话、粗话的现象司空见惯。我们以前在小学进行的是共产主义教育，初中进行社会主义教育，高中进行集体主义教育，大学生进行的是爱国守法教育，在研究生中进行的是文明行为教育。"报告中的这段话是河南省委高层关注的焦点，他们一直在思索：如何才能把这种倒置的教育颠倒过来？如何才能把伦理道德、心理健康、生理卫生等方面的知识结合起来？

（三）"三理"教育理念的提出凝结着河南省委领导的高度重视

经过认真调研、思考后，河南省委决策者认识到，要使未成年人和大学生的思想道德及政治教育增强实效性、针对性和可操作性，必须找到有效的载体和抓手。2005年2月24日，在河南省文明委全会上，原河南省委副书记、省文明委主任、现任河南省政协主席的王全书同志提出了一个令人耳目一新的概念——"三理"教育：分年龄段对未成年人及大学生进行伦理、心理、生理教育，促进青少年的全面发展。"要把'三理'教育作为加强和改进未成年人思想道德建设和大学生思想政治教育的载体和抓手，作为增强青少年思想道德建设针对性和实效性的一项新举措、一种新探索，使其身心得到全面发展，思想品德和心理素质得到全面提高。"

"三理"教育概念提出后，2005年4月15日，河南省精神文明建设指导委员会下发了《关于在全省未成年人和大学生中开展伦理、心理、生理知识教育的实施意见》，郑州大学公民教育研究中心与河南省文明委共同撰写了《河南省未成年人和大学生"三理"教育大纲》，并决定在郑州、安阳等七个地市先行开展试点工作，由此拉开了河南省开展"三理"教育的序幕。同年10月11日，河南省"三理"教育工作经验交流会在安阳召开，省委原副书记、省文明委主任王全书参加了会议，并在会上做了重要发言，在理论上和实践上初步确立了"三理"教育这一全新的教育理念。与此同时，为进一步推动"三理"教育在河南省各地的贯彻落实，中共河南省委高校工委、河南省教育厅制定了《关于在全省大中小学和幼儿园开展伦理、心理、生理知识教育的实施意见》。在经验交流会上，安阳市、长葛市等七个单位作了典型发言，总结交流了一些成功的经验，代表一致认为：在河南省各级党委、政府和各有关部门的高度重视下，"三理"教育工作进展顺利，发展态势良好，已取得良好效果，为进一步的开展工作奠定了理论及实践基础。

综上所述，"三理"教育是在党中央、国务院和河南省委、省政府关于加强和改进未成年人思想道德建设、大学生思想政治教育的总体要求下，提出的富有创造意义的重大新举措，正如王全书同志所说："它涵盖了青少年思想道德教育的主要内容，抓住了未成年人和大学生成长、成才的突出问题，体现了中央、省委加强和改进青少年思想道德教育的基本思路。"应该说，在青少年思想教育方面，全国各省市都积累了不少成功的经验，而把伦理、心理和生理知识放在一起，融为一体，明确提出"三理"教育这个概念，河南是第一家，这是河南省的一大创新。从这一角度讲，探索和总结"三理"教育的机制，建立富有河南特色的青少年思想教育体系，对推动全国的青少年思想品德教育具有重要的现实意义和理论意义。

三、"三理"教育概述

把青少年伦理、心理和生理教育融为一体，形成以青少年的思想道德教育为核心，以心理健康教育和生理卫生教育为支撑点的和谐品德教育，是一项既需要理论支持又需要实践来验证的宏大的系统工程，这里涉及理论建构的科学性，也需要实践操作的合理性，尽管目前尚在探索和完善阶段，但其基本的体系架构是非常必要的。为此，我们可以从以下几点来分析。

（一）"三理"教育的指导思想

根据河南省文明委《关于在全省未成年人和大学生中开展伦理、心理、生理知识教育的实施意见》，开展"三理"教育的指导思想是：

坚持以邓小平理论和"三个代表"重要思想为指导，深入学习贯彻党的十六大，党的十六届三中、四中全会精神和河南省委七届七次、八次全会精神，认真落实中央和河南省委关于加强和改进未成年人思想道德建设、大学生思想政治教育的部署和要求，根据不同年龄段未成年人和大学生身心成长的特点与接受能力，以学校、社区、村镇为平台，采取未成年人和大学生喜闻乐见、易于接受的方式，通过试点探索、总结经验，在河南省未成年人和大学生中广泛开展"三理"教育，使广大未成年人和大学生身心得到全面发展，思想品德和心理素质得到全面提高。

（二）"三理"教育的内容及任务

1. 伦理道德教育

（1）弘扬和培育民族精神教育。认真落实《中共中央宣传部、教育部关于印发〈中小学开展弘扬和培育民族精神教育实施纲要〉的通知》（教基〔2004〕7号）精神，切实抓好中小学生弘扬和培育民族精神教育。同时，要高度重视、认真抓好大学生弘扬和培育民族精神教育。深入开展中华民族优良传统和中国革命传统教育，大力弘扬以爱国主义为核心的民族精神，培育未成年人和大学生的爱国情感和民族自尊心、自信心和自豪感。继续开展弘扬红旗渠精神和焦裕禄精神教育，增强其热爱家乡、建设河南的责任感和使命感。组织好每年9月的"中小学弘扬和培育民族精神月"集中宣传教育活动。把民族精神教育与以改革创新为核心的时代精神教育结合起来，努力培育未成年人和大学生的劳动意识、创造意识、效率意识、环境意识和进取精神、科学精神以及民主法制观念，引导其保持蓬勃朝气、旺盛活力和昂扬向上的精神状态。

（2）理想信念教育。深入开展党的基本理论、基本路线、基本纲领和基本经验教育，开展中国革命、建设和改革开放的历史教育，开展基本国情和形势政策教育，引导广大未成年人和大学生正确认识社会发展规律，正确认识国家的前途和命运，正确认识自己的社会责任，把个人的成长进步同中国特色社会主义伟大事业、同祖国的繁荣富强紧密联系在一起，确立走中国特色社会主义道路、实现中华民族伟大复兴的共同理想和坚定信念。

（3）文明习惯养成教育。认真贯彻《公民道德建设实施纲要》，在广大未成年人和大学生中大力倡导和实践"爱国守法、明礼诚信、团结友善、勤俭自强、敬业奉献"的公民基本道德规范。认真执行新颁布的《中小学生守则》和《小学生日常行为规范》《中学生日常行为规范》，不断提高中小学生的道德素养。修订完善大学生行为准则，培养其良好的道德品质和文明行为。

（4）诚信教育。以培养"诚信师生"为目标，在河南省未成年人和大学生中开展"人人知诚信、人人讲诚信"系列教育活动，增强其法律意识和诚信意识，树立守信为荣、失信可耻的良好社会风尚。对未成年人和大学生的伦理道德教育要区分层次。对学龄前儿童主要是进行基本伦理道德常识、文明用语的启蒙教育；对小学生重点是规范其基本言行，培养良好习惯；对中学生重点是加强理想信念和爱祖国、爱人民、爱劳动、爱科学、爱社会主义教育；对大学生主要是进行以理想信念为核心的世界观、人生观和价值观教育，以爱国主义为重点的民族精神教育，以基本道德规范为基础的公民道德教育，以全面发展为目标的素质教育。

2. 心理知识教育

按年龄阶段分层次进行教育，是开展心理知识教育的基本前提。

对学龄前儿童，要坚持保育与教育相结合的原则，全面落实《幼儿园工作规程》提出的保育教育目标。依据学龄前儿童的学习兴趣和特点，灵活、综合地安排相关学习内容，重点是进行良好行为、情绪和习惯的养成、思维能力的启发等方面的教育，促进其认知、情感、能力的发展。

对小学生，要加强以健康心理为主要内容的良好个性品质和意志品格的教育。对小学低年级学生，主要进行学习、情绪、行为等方面的心理教育，培养其适应新环境、新集体、新的学习生活的能力，使其充分感受学习知识的乐趣；对小学中、高年级学生，主要是帮助其提高学习兴趣与自信心，使其正确对待学习成绩，克服厌学心理。要注重培养小学生的集体意识和自觉参与集体活动的能力，使其形成开朗、合群、乐学、自立的健康人格。

对初中生，要加强情绪、行为和与同伴关系等方面的教育，尤其要加强自信心和性心理教育，逐步学会适应生活和社会的各种变化，形成和谐的人际关系；培养对挫折的耐受能力，形成良好的意志品质；正确认识并克服青春期的烦恼，有效调节和控制自己的情绪，抑制自己的冲动行为。要加强学习方面的教育，树立正确的学习观念，改善学习方法，提高学习能力。

对高中生，除继续安排对初中生的教育内容外，还要加强其职业意向教育、青春期教育、早恋教育等。注意发展其创造性思维，充分开发其学习潜能。

对大学生，要注重培养良好的心理品质和自尊、自爱、自律、自强的优良品格，重点进行学习心理教育、情绪情感教育、良好意志力教育、人格教育等。通过教育，养成良好的学习习惯，转变择业观念，提高社交能力，为走向社会奠定坚实的心理基础。

在加强上述教育的同时，还要有针对性地解决影响未成年人和大学生身心健康发展的心理行为障碍问题，如学习障碍、语言障碍、进食障碍、睡眠障碍、各种情绪障碍、精神病性障碍、多动症、孤独症等。通过采取切实有效措施，进一步提高其心理素质，培养勤奋向上、坚韧自强、勇于负责的心理品质，增强克服困难、经受考验、承受挫折的能力，使其形成健全的人格。

3. 生理知识教育

同心理知识教育一样，根据未成年人的年龄特征展开实施，也是开展生理知识教育的重要前提。

对学龄前儿童，主要是进行个人卫生习惯教育、预防接种教育、公共场所卫生教育、饮食卫生教育、自我保护的安全教育等。

对小学生，要加强珍惜生命、健康体魄和养成良好卫生习惯的教育。对小学高年级学生，要进行初步人体生理解剖常识、初步疾病预防常识和预防意外伤害的安全教育。对小学高年级女生，还应开展青春期卫生教育。

对初中生，要突出青春期生理卫生教育（如青春期体格发育、性发育、痤疮的防治等）。开展以用眼卫生和营养与饮食卫生为主的日常生活卫生教育，进行初步的人体生理解剖知识教育，简要讲授关于预防近视、砂眼、蠕虫病、感冒、肠炎、乙肝、急性肾炎等常见病知识，讲解预防艾滋病、呼吸道传染病、消化道传染病的有关知识及措施，加强安全和遵守作息制度教育。

对高中生，要突出青春期生理卫生和用眼卫生教育。讲授生殖器卫生、生殖与避孕等知识，介绍婚前性行为的危害及性法律、性道德方面的知识，讲解脑力劳动卫生知识，较系统地讲授人体生理解剖知识，讲解成年病的青少年期预防常识、艾滋病预防知识、呼吸道传染病和消化道传染病的主要预防措施、人工呼吸和心脏按摩等急救常识，继续进行个人卫生、环境保护、安全和遵守作息制度等教育。

对大学生，要加强日常卫生常识教育，培养良好的生活方式。加强饮食卫生教育，养成良好的饮食习惯。介绍用脑卫生知识，使其学会科学用脑。进一步讲解人体生理解剖知识，加强青春期生理卫生及常见病特别是传染病、艾滋病、结核病的预防教育。根据新的《普通高等学校学生管理规定》，今后高校不再禁止大学生结婚。对此，要加强对大学生的婚姻恋爱、计划生育及两性知识的教育，引导他们树立正确的婚姻恋爱观。

（三）"三理"教育的内在关系

从我国传统的教育实践上看，伦理教育、心理教育和生理教育并不缺乏，但把三者结合起来组成一个有机的整体并非一个简单的数字排列组合，而是标志着新的教育价值观的诞生，这种全新的教育观则恰恰体现在它们之间的内在关系上。

首先，"三理"教育符合青少年健康成长的基本规律，有效地弥补了单方面教育的不足。青少年的成长，既包含了生理的成长也包括心理和人格品德的成长，它们之间是一个并驾齐驱又相互影响的关系。一味地注重某一个方面而忽略其他方面都会导致青少年畸形的发展。传统的思想教育过分强调政治思想等伦理方面的教育，而轻视甚至忽略了决定人的发展的心理和生理方面的教育，导致整个教育的说教有余而人性化不足，最终无法深入青少年内心世界而流于表面。"三理教育"的提出，实际上反映出一定的强制性的捆绑式教育理念，它从一开始就将青少年的心理、生理和伦理摆在了同一条起跑线上，从而有效地杜绝了长期以来单一化的思想教育所带来的缺陷。

其次，"三理"教育充分体现出唯物主义普遍联系的教育发展观，本身蕴含着强烈的身心统一和心理、生理及社会因素相互作用的全新理念，从而避免了以往思想教育中"头痛医头，脚痛医脚"的孤立发展观。从个体的发展因素来看，心理和生理是相互作用、互为因果关系的：各种心理问题的产生都有一定生理因素在起作用，而心理的不适也将转化为生理的不适。从社会环境的影响上来看，造成诸多行为问题的原因，应该是心理、生理和社会因素交互作用的结果。这就要求我们教育工作者既能够全面把握同一时间内各种因素对青少年的影响，又能从历史发展和现实环境来分析各类因素对当前青少年的影响，从而更全面彻底地对青少年的健康成长施加积极影响。

最后，"三理"教育蕴含了中国传统文化的"三足鼎立"思想内涵。道家称：道生一，一生二，二生三，三生万物。三维构成空间，三段形成逻辑，天、地、人三分世间万象，三足鼎立为稳固之势。"三"即道家之道，儒家之中庸，也正是中国传统文化中"极高明"之状态。领略"三"之本义的目的在于超越对世界非此即彼的简单化认知，寻求事物辩证与适度的境界。"三理教育"的创立者借用"三"来构建思想教育的新理念，可谓用心良苦，其蕴藏的深刻文化内涵不言而喻。

四、"三理"教育的工作载体与活动方式

"三理"教育的重点是通过不同的载体和活动方式规范青少年的基本言行，培养良好的行为习惯。因此，如何建立行之有效的工作载体、探索合理的活动方式，对"三理"教育的成败具有重要的现实意义。自2005年河南省组织开展"三理"教育工作以来，围绕着建立健全各项工作网络载体和活动方式，有关部门和科研机构做了大量的工作，在先行试点的基础上，逐步提出了一系列行之有效的方式和方法。

（一）学校、社区、村镇是"三理"教育实施的基本载体

"三理"教育工作是一种新的探索，没有现成的经验可供借鉴，需要在实践中逐步探索、逐步总结，在探索中创新，形成良好的工作机制，以卓有成效的工作，推动"三理"教育不断向广度和深度拓展。从目前的实践来看，已经形成了以学校、社区、村镇为活动的载体，构建"三理"教育三位一体的网络教育体系，广泛争取共青团组织、妇联组织和民政部门等社会团体和机构的大力支持与指导帮助，在社会广泛全面地开展工作。

第一，学校教育是开展"三理"教育的主渠道作用。从目前河南省文明委下发的关于开展"三理"教育的相关规定和要求看，应注重以下几个方面：一是各级各类学校要在现有"三理"教育的基础上，按照相关要求，充实内容，改进方法，完善设施，健全制度。二是要充分发挥课堂教学在学生"三理"教育中的重要作用，开设适应不同年龄段学生的"三理"教育课程。三是要加强学校"三理"教育阵地建设，根据不同类型学校建立思想道德教育研究室或心理、生理教育咨询室。四是要建立"三理"教育人才培养基地，加强中小学教师、辅导员、班主任队伍和大学生思想政治教育工作队伍（高校党政干部和共青团干部、思想政治理论课和哲学社会科学课教师、辅导员和班主任）建设，充分发挥其在学校"三理"教育中的骨干作用。五是要拓宽"三理"教育渠道，把

"三理"教育渗透到学校教育的全过程，与中小学生思想品德、大学生思想政治理论、社会实践等相关课程有机结合。六是要优化校园人文环境，加强校风、教风、学风建设，开展丰富多彩、积极向上的学术、科技、体育、艺术和娱乐活动，把德育与智育、体育、美育融合起来，寓教育于各类活动之中。七是要加强学校宣传文化阵地的建设和管理，坚决抵制各种有害文化和腐朽生活方式对学生的侵蚀。

第二，社区是开展"三理"教育的重要窗口。河南省文明委有关规定指出：要探索建立社区、村镇教师制度，有计划地选派优秀教师下社区、村镇。社区、村镇要注意加强与辖区内各类学校的联系，通过与学校联办家长学校、家庭教育指导中心等方式，对家庭教育实施有效指导。要加强对家长的培训，不断提高家长的素质，组织家长开展"为国教子、以德育人"大讨论和"争做合格父母、培养合格人才"家庭教育活动，营造和谐的家庭教育氛围，创造良好的家庭教育条件。要充分利用重要节日、纪念日，组织学生开展思想道德教育活动；充分利用各种资源，开展社会调查、公益劳动等社会实践活动；充分利用双休日、节假日，组织学生开展夏令营、冬令营、红色旅游等活动，使其在生动有趣的实践活动中陶冶情操、愉悦身心、全面发展、快乐成长。要加强基层活动场所建设，社区要设立"三理"教育活动室或咨询室，配备必要的设施；村镇要充分利用宣传文化室（文化大院、文化活动中心）、卫生院（所）等场所，对未成年人和大学生进行"三理"教育和服务。要充分发挥各级关心下一代工作委员会的作用，广泛吸纳"五老"人士、医生、社区工作者、村镇干部、家长、保育员等参与"三理"教育工作，组织他们当好未成年人和大学生健康成长的辅导员、监督员、宣传员。要组织从事"三理"教育和研究的专业人员，深入社区、村镇等基层单位，对未成年人和大学生开展教育、咨询活动，为其健康成长提供多方面的服务。经过一段时间的探索，一些地方创造总结了一系列好的经验，如鹤壁市采取"三官三员"即警官、检察官、法官、优秀教员、优秀医务人员、精神文明监督员进社区、进村镇的形式，扎实推进"三理"教育。曾获"河南省教子有方十大家长""濮阳市十大女杰"等荣誉称号的安克慧女士"为国教子、以德育人"专题巡回报告会在河南省各地的成功举办，引起了所到之处家长、学生的强烈反响。2004年，安克慧把她同儿女的书信往来整理出版。原河南省委副书记王全书读过之后，深为其独到的教育方式打动，立即去信表达了对该书的赞赏，并敦促河南省文明委会同有关部门及时调研总结。郑州市管城区组织编写的未成年人"三理"教育五字歌，也深受广大学生和家长的喜爱。

第三，开展各种形式各种规模的教育试点和各项服务工作，是"三理"教育的重要保证。截至2005年底，河南省文明办已成功在一些地市的若干社区、村镇组织试点工作，省委高校工委、省教育厅也相继选择若干学校作为"三理"教育试点，各省辖市也相继精心选定了一些试点，抓紧抓好各项工作落实，在认真总结试点经验的基础上，有效地推动了河南省"三理"教育工作全面开展，均取得了丰硕的成果。在此基础上，各地纷纷举办短期培训班或以会代训等多种形式，分期分批对"三理"教育工作骨干进行业务培训，提高其素质和能力，为"三理"教育提供人才保证。河南省属相关科研机构组织编写了适合不同年龄段学生和教师、家长、社区工作者阅读的"三理"教育系列读物，建立"三理"教育教材体系，使"三理"教育进学校、进社区、进村镇、进家庭。制作有关音像制品，为广大学生、教师、家长及社区工作者提供必要的学习材料和视听产品。

第四，加强组织领导是确保"三理"教育顺利实施的重要保障。各地各有关部门高度重视"三理"教育工作，切实把这项工作作为贯彻落实党中央、国务院的决策和河南省委、省政府的部署，加强和改进河南省未成年人思想道德建设和大学生思想政治教育的一项重要举措来抓，提上重要议事日程，及时研究解决工作中出现的困难和问题，确保"三理"教育顺利进行。根据河南省政府的统一部署，全省"三理"教育工作由省文明办组织协调；学校是"三理"教育的主阵地，学校"三理"教育工作由省教育工作部门组织实施；社区、村镇"三理"教育工作由省文明办组织实施。各地各有关部门和大中小学校、社区、村镇都明确一名领导同志负责此项工作。学校、社区、乡镇和行政村是未成年人和大学生"三理"教育的直接组织者，负责对"三理"教育工作统筹安排和认真实施。社区、村镇也开始广泛建立团队组织，为未成年人和大学生在居住地开展"三理"教育提供组织依托。

应该指出的是，河南省委高校工委、省教育厅和各级教育行政部门在"三理"教育中起着无法取代的重要作用。根据河南省文明委相关要求，进一步细化工作任务，制定具体措施，切实抓好全省大中小学及幼儿园的"三理"教育，是全省教育系统开展"三理"教育的基本要求。

共青团组织是团结和教育青年的先进群众团体，在青少年管理和思想教育方面有广泛的网络体系和资源优势。同样，妇联组织和民政部门也是发动和组织各级民间妇女社会团体和社区的重要力量。充分依靠这些社会组织和部门，对于将"三理"教育不断推向深入将具有重要作用。目前共青团、妇联等群团组织和卫生等部门已积极行动起来，在"三理"教育的活动中发挥着各自优势，成为"三理"教育工作生力军。发改委、财政等部门在抓好学校、社区、村镇等"三理"教育基层活动场所建设上，也为"三理"教育提供必要的经费保证。宣传部门"三理"教育的宣传报道上，为活动在河南省范围内的广泛开展营造了浓厚的舆论氛围。河南文明办和教育工作部门充分发挥组织协调作用，抓好协调、督察和指导，促使"三理"教育取得了实实在在的效果。

(二)"三理"教育活动形式

1. 伦理道德教育

对学龄前儿童，要通过家长和幼师在日常生活中的道德示范行为（如尊老爱幼、夫妻互敬、邻里和睦等），对其产生感染和影响，培养其爱心；通过讲解图片、教唱文明礼貌儿歌等方法，引导其道德模仿行为；通过帮助儿童学会自己整理玩具、房间等，启蒙其责任意识；通过打扫卫生、洗手绢、洗毛巾等，培养其卫生习惯；通过力所能及的家务劳动，培养其热爱劳动的意识。

对小学生，要通过开展升国旗、唱国歌等教育活动，增强其民族自尊心和自豪感；通过开展"争做好少年""手拉手"等主题活动，增强其互助意识和集体精神；通过组织参加社会公益活动，提高其"公德""公心"意识；通过发挥家长、教师言传身教、为人师表的道德表率作用，营造家庭和学校良好的道德教育环境。

对中学生，要通过常规教育，培养良好的行为习惯；通过集体活动，培养集体主义精神；通过立志教育，培养进取精神；通过文明礼貌行为的养成教育，培养孝敬父母、尊敬师长、尊重他人、诚实守信、平等友爱、团结互助、共同进步的观念；通过爱护生态环境教育，培养人与自然和谐相处的观念。

对大学生，要按照"育人为本、德育为先"的原则，坚持教书与育人相结合，抓住关键，突出重点，全方位推进大学生思想政治教育；要加强思想政治教育工作队伍建设和党团组织、学生组织建设，坚持教育与自我教育相结合，既充分发挥学校的教育引导作用，又充分调动大学生的积极性、主动性，引导他们自我教育、自我管理、自我服务；要积极拓展思想政治教育途径，坚持政治理论教育与社会实践相结合，引导大学生了解社会、认识国情、解读省情，增长才干、锻炼毅力、培养品格，增强社会责任感；要多方面关心帮助学生，坚持解决思想问题与解决实际问题相结合，把教书育人、管理育人、服务育人落到实处，把党和政府对大学生的关怀落到实处；要完善制度，规范行为，坚持教育与管理相结合，既加大教育的力度，又充分发挥管理的作用，在科学严格的管理中，增强思想政治教育工作的实效；要贴近实际、贴近生活、贴近学生，坚持继承优良传统与改进创新相结合，不断探索新形势下大学生思想政治教育的新途径、新办法，努力使大学生思想政治教育工作体现时代性、把握规律性、富于创造性。

2. 心理知识教育

对学龄前儿童，要注重综合性、趣味性，主要采取做游戏、讲故事的方法，寓教育于生活、游戏之中。要尊重幼儿的独立愿望，正确对待幼儿的过失和错误，培养良好的行为习惯。

对小学生，要通过心理咨询、心理辅导、心理热线等途径，以游戏和活动为主，培养乐学合群、积极向上的良好心态。采取从主题设计开始，经实践活动，到交流体会的社会活动教育法；先创设情景，后讲解点拨，将信息、知识、思想贯穿其中的情境讲解教育法等，开展健康向上的心理训练活动，使其在社会和大自然中调适自己的心理。

对中学生，要以活动、体验和调适为主，在做好心理品质教育的同时，突出品格修养教育。要开设心理健康特别是青春期心理健康讲座，在学科教学中渗透心理健康教育。提倡课内与课外、教育与指导、咨询与服务的紧密配合，寓心理健康教育于思想教育与校园文化活动之中。学生家长要注意孩子青春期的"心理断乳期"，配合学校对其进行及时的青春期教育。家长要树立科学的性观念和健康的性心理，多与孩子沟通，使其顺利度过"心理危机期"。学校要建立学生心理档案，开展心理咨询和心理辅导。要通过心理咨询热线及时了解和掌握学生的心理动态，解决学生的心理障碍和心理疾病。

对大学生，要通过开设有针对性的心理健康教育课程或相关课程（如大学生心理学、青年心理健康等），定期举办专题讲座，组织座谈会、研讨会、课外实践活动，充分利用学校宣传阵地（如广播、电视、计算机网络、校刊、校报等）等形式，普及心理健康知识，提高心理健康意识。建立学生心理档案，通过个别咨询、网络咨询等途径，向学生提供经常、及时、有效的心理健康指导与服务。构建和完善大学生心理问题高危人群预警机制，做到有问题早发现、早预防、早疏导、早解决。

3. 生理知识教育

对学龄前儿童，要采用做游戏、讲故事、角色扮演、观看科教片、组织参观展览等方法。家长要主动与幼师、保育员沟通，保证幼儿园与家庭教育的一致性。

对小学生，主要采取多媒体教学、挂图、宣传画、黑板报、参观学习、评比竞赛、儿童歌谣、课堂讲授、教师示范等方式，同时安排学生参加一些力所能及的社会实践活动。家长要言传身教，培养学生的卫生习惯和健康体魄。

对中学生，要采用灵活多样的教学方式，如办黑板报、宣传栏，张贴标语、挂图、宣传画，实物展览，组织观看卫生科教片等。要把一些生理教育内容分解到生物等相关课程中去讲解。中学阶段生理知识的宣传教育可在校医或生物课教师的带领下，由团支部、学生会和各班级宣传委员组织实施。

对大学生，可通过选修课、政治课、体育课、自学等方式进行教育。学校要多购一些相关的书刊、报纸、光碟等。

五、小结

"三理"教育是河南省贯彻党中央国务院关于进一步加强未成年人思想道德建设的指示精神的富有创造性的社会工程，是河南省委省政府领导及广大思想教育工作者的思想结晶及实践成果。明确并坚定地贯彻"三理"教育的指导思想，充分依靠各级社会团体和社区组织，建立健全"三理"教育的各种规模及形式的社会网络载体，根据不同的年龄阶段分层实施，是开展"三理"教育的基本要求，也是确保"三理"教育获得成功的重要保障。

第 二 篇

青年思想引领

第三章　五四运动对当代中国
青年成长的启示

【摘要】2019 年是五四运动爆发 100 周年，习近平总书记在 2019 年 4 月 30 日纪念五四运动 100 周年大会上发表重要讲话，全面论述了五四运动的历史意义和时代价值，河南省省委书记王国生也与青年一起收听、收看习总书记大会讲话并发表讲话，对青年的成长成才给予了殷切期望。基于这一重要的历史节点和党和国家领导的重要讲话，深刻反思五四运动与青年成长的关系，具有重要意义。青年与国家、青年与时代、青年与社会、青年与政党是青年成长的重大关联问题，必须作出深刻的、正确的历史选择。

2019 年是五四运动爆发 100 周年，在这样一个重要的历史关口，回望百年历史，重整时代步伐，对于进入新时代的中国及中国青年具有重要的现实意义。

2019 年 4 月 30 日上午，纪念五四运动 100 周年大会在北京人民大会堂隆重举行，习近平总书记出席大会并发表重要讲话。讲话站在历史逻辑、实践逻辑、理论逻辑相结合的高度，对发生在百年前的五四运动作了全面而深刻的阐释，结合新时代青年运动的使命和方向，对当代青年的成长提出了殷切希望，是一篇发人深省、催人奋进的新时代青年的行动纲领和新时代青年健康成长的路径规划。与此同时，在中原大地的河南，省委书记王国生亲临共青团河南省委，同团干青年一起收听、收看纪念五四运动 100 周年大会，共同聆听习近平总书记在大会上发表的重要讲话。此后紧接的座谈中，勉励大家要牢记嘱托，发扬五四精神，勇于担当作为，要做到信念过硬、肩膀过硬、作风过硬、本领过硬、品德过硬，在投身中原更加出彩的生动实践中激扬青春、成就梦想。5 月 5 日，河南省委召开学习贯彻习近平总书记纪念五四运动 100 周年大会重要讲话精神团员青年座谈会，王国生等省委相关领导出席会议，王国生书记在听取八位青年代表发言的基础上，发表切身感悟，激励和引领河南省广大青年持续弘扬五四精神，增强"四个意识"、坚定"四个自信"、做到"两个维护"，不畏艰险，勇于担当，以青春之我谱写壮丽篇章。

100 年过去了，五四运动其波澜壮阔的历史叙事和沉淀下的精神财富至今仍回荡在我们的心中，启迪着一代又一代青年的思想，激励着一代又一代青年砥砺前行。作为一名专业的青年思想教育工作者，在长期的青年思想工作中，在每每回顾五四运动时，特别是在纪念五四运动 100 周年这一神圣时间节点，越发深刻地感受到回顾五四历史、启迪当代青年成长的必要性与紧迫性。

4 月 19 日，习近平总书记在主持中央政治局召开的第十四次集体学习时强调：要加强对五四运动和五四精神的研究，激励广大青年为民族复兴不懈奋斗。并针对五四运动特别提出"四个讲清楚"：要讲清楚为什么五四运动对当代中国发展进步具有如此重大而深远的影响；讲清楚为什么马克思主义能够成为中国革命、建设、改革事业的指导思想；讲清楚为什么中国共产党能够担负起领导人民实现民族独立、人民解放和国家富强、人民幸福的历史重任；讲清楚为什么社会主义能够在中国落地生根并不断完善发展。为通过五四运动的研究，启迪和激发全民族特别是当代青年确立了根本遵循。

对照习近平总书记的要求，回顾五四运动后中国青年运动百年所走过的历史轨迹，深刻地感受到青年的健康成长是基于国家的成长、是基于时代的成长、是基于社会的成长、是基于政党领导的成长。

一、青年与国家

习近平总书记在纪念五四运动 100 周年大会上的讲话中指出："爱国主义自古以来就流淌在中华民族血脉之中，去不掉，打不破，灭不了。"

五四运动起因于"国耻"，发轫于对国家的救亡图存，是一场轰轰烈烈的爱国主义运动，彰显出青年与国家密不可分的深厚的家国情怀，而这一情怀也深深地根植于中华民族内心深处，时刻驱动着青年为国家的复兴和民族的昌盛而矢志奋斗。

在新民主主义革命时期所爆发的"五卅运动""一二九运动"再一次上演了

青年炙热的爱国主义情怀，再一次唤醒了中华民族抗击外来侵略的决心和意志；在社会主义建设初期，广大青年弹去身上未尽的战争灰尘，义无反顾地开赴抗美援朝战场，用生命和鲜血英勇地抗击美帝国主义，奏响了一曲曲荡气回肠的壮丽凯歌；在改革开放阶段，广大青年开拓进取，奋发有为，积极投身经济建设的一线战场，用青春与智慧谱写了新时代爱国主义新的历史篇章。事实再次证明，青年兴则国家兴，青年强则国家强，青年始终是推动国家建设与发展的有生力量。

新时代，新征程。在全国人民共同奋进中国梦的伟大征途上，当代青年再次面临着祖国和人民的深切召唤，在推动中原更加出彩的事业中，中原青年再次面临展示青春力量，为古老的中原大地注入青春活力的历史时刻。唯有将小我融入为实现中华民族伟大复兴中国梦汇聚起磅礴之力的大我中，青春才能得到升华。

二、青年与时代

时代是社会发展的潮流，在政治引导、经济发展、文化进步、价值取向等方面具有鲜活而全新的标注，具有较强的变革性、创新性、全球性。

习近平2014年在北京大学与师生座谈时指出"青年是标志时代的最灵敏的晴雨表"，充分揭示出青年是时代最活跃的力量，是社会时代发展的重要载体的历史命题。

五四时期所倡导的民主与科学精神以及新文化运动，是五四时期最显著的时代潮流。所有这些也都基于西方社会的第一次工业革命、西方资本主义社会的建立以及1917年俄国十月革命胜利的强烈冲击，进而为中国摆脱封建专制进入现代社会开启了思想大门。为此，一批批有志青年率先走出国门又不断回到祖国，开始了对真理的新的探索和传播，推动了思想的启蒙与社会的进步。

同时要看到，时代是个"万花筒"，有鲜花也有毒刺，有催人奋进，也有大浪淘沙，而决定是前进与退步的关键因素是你选择了什么，信仰了什么。以陈独秀、李大钊和毛泽东为代表的早期共产党人，选择了代表人类进步潮流的先进思想——马克思列宁主义，最终带领中华民族从胜利走向胜利，建立了新中国；而一些五四的精英青年，背离了中国实际甚至背叛中国革命，选择了资本主义道路和反革命道路，最终落得可耻结局。历史早已证明，只有牢牢把握革命的时代主题，追随时代的潮流，青年才有光明的前景，国家才有光明的前途。

习近平在纪念五四运动 100 周年大会讲话中指出："今天，新时代中国青年处在中华民族发展的最好时期，既面临着难得的建功立业的人生际遇，也面临着'天将降大任于斯人'的时代使命"，青年要勇于担当时代的责任，让青春在新时代伟大事业中绽放华彩，让青春在实现"中国梦"奋进中展示时代英姿。

三、青年与社会

社会是由人组成的，而青年是其中重要影响力的阶层。习近平在纪念五四运动 100 周年大会上的讲话指出："青年是整个社会力量中最积极、最有生气的力量"，同时指出："通过五四运动，中国青年发现了自己的力量"。

早在五四运动前，由于封建制度的束缚，青年作为一个独立的群体力量是不存在的，李大钊在其《晨钟》之使命中感慨道："今者，白发之中华垂亡，青春之中华未孕"由此可见一斑。自辛亥革命以来，随着青年教育体制的变革，青年力量的雏形首先出现在以"学堂"为平台的社会发展视野中，而五四运动的爆发也为青年的力量展示提供了机遇。五四运动期间仅北京的学生参与数量就达到 4000 多人，相比当时不多的在校生规模（平均千人规模），已经是相当可观了，如果再结合当时全国参与行动的学生（涉及 20 个省，近 100 所学校）规模，基本上代表了全国青年学生的形象。由此，青年作为一股独立的社会力量登上中国革命、建设与改革的历史舞台，开启中国青年运动的伟大历史进程。

青年是社会发展的重要力量，同时社会的发展也会促进青年的发展。五四期间，从前期的单纯的学生示威、请愿甚至过激性损坏行为，转为动员民众参与特别是工人阶级的参与，深刻展示出只有把先进的思想与社会运动相结合，只有通过走与工农相结合的道路，才能推动社会进步，才能促进青年健康成长的历史规律。

习近平总书记在纪念五四运动 100 周年讲话中指出"到人民群众中去，到新时代新天地中去，让理想信念在创业奋斗中升华，让青春在创新创造中闪光！"当前，奋勇行进在以习近平总书记为核心的党中央所开辟的中华民族伟大复兴的征途，正是当代青年成长成才的必由之路。

四、青年与政党

政党是由社会中代表阶级利益的先进分子组成的，是领导国家发展的核心力量。中国共产党是代表广大人民利益、全心全意为人民服务的政党，是经历历史考验并最终为中国人民所选择所跟随的政党，是最终带领中国人民从"站起来""富起来"到"强起来"的政党。

五四期间，共产党虽然没有正式成立，但五四运动的过程无不贯穿着先进思想的启蒙和早期的共产党人行动引领。以陈独秀、李大钊为核心的精神领袖所传播的马克思主义思想及其意识，成为五四运动最具革命的动力源泉。相反，尽管五四期间已经有国民党存在，但也因其内部的纷争，并没有发挥引领作用甚至到后期还起反作用。因此，五四运动最终得以沿着以包括马列主义思想在内的先进思想为启蒙、以早期共产党人为精神引领的方向向纵深发展。也正因为如此，五四运动最终在思想上、在干部上为共产党的建立做好了准备，进而为中国革命的成功奠定了基础。

新的时代，仍然要坚持党对青年运动的领导，不但是民族复兴、国家建设的需要，还基于青年自身的特点。习总书记在纪念五四运动 100 周年大会上强调："青年人阅历不广，容易从自身角度、从理想状态的角度来认识和理解世界，难免给他们带来局限性。这是青年成长的规律，我们要尊重这个规律"，同时还指出："把青年一代培养造就成德智体美劳全面发展的社会主义建设者和接班人，是事关党和国家前途命运的重大战略任务，是全党的共同政治责任。各级党委和政府、各级领导干部以及全社会都要充分信任青年、热情关心青年、严格要求青年，关注青年愿望、帮助青年发展、支持青年创业，做青年朋友的知心人、青年工作的热心人、青年群众的引路人"。历史充分表明：听党话，跟党走是中国青年运动发展和青年成长的根本保障。

习近平在纪念五四运动 100 周年大会上指出："把青年一代培养造就成德智体美劳全面发展的社会主义建设者和接班人，是事关党和国家前途命运的重大战略任务，是全党的共同政治责任。"进一步把青年顺利成长成才同党的精心培育、细心呵护和教育引领结合起来，使中国青年比任何国度和任何历史时期都享有无比优越的成长环境。全体青年只有自觉地接受和坚持党的领导，自觉地把自己的发展方向同党的期待对照起来，才能不负党的殷切期待，才能生生不息健康而茁壮成长。

五四精神是历史的，也是现实的，作为新时代正在成长的强国一代，要以五四精神为指引，更加紧密地团结在以习近平同志为核心的党中央周围，高擎爱国旗帜，勇担时代重任，永葆奋斗精神、牢记跟党初心，奋进中国梦、出彩新时代！

第四章　基于中华传统文化浸润下的河南青年行为塑造

【摘要】中原腹地是中华文明和中华文化的发祥地，生于斯长于斯的河南青年必定离不开这种因素的熏陶。基于大量的相关研究发现，社会上对河南人的评价褒贬不一，如果撇去毫无根据的偏见，一般认为河南人有"三平"说、"好人""红色精神"说和"保守、中庸"说等评价。这些评价总体上恰恰反映出区别于外部地区的河南人特别是河南青年发展的文化特征。进一步梳理后发现，影响河南青年文化特征的渠道主要来自大量的以博物馆和文化古迹为载体的物化教育、随处可见的以直观生动的行为表现为载体的活化教育、分布广泛的民俗影响、媒体传播、学校及社会教育以及以政府为主导的文化创新与文化推广等丰富多彩的文化载体。坚持在内省基础上，把继承传统和创造性转化相结合，是河南青年在新的时代实现青年文化发展和新跨越的重要策略。

一、前　言

马克思人类发展学说认为，人类的发展归根结底是社会性的发展，环境是发展的决定性因素。作为环境中最为无形但却无处不在的文化因素，特别是几千年来文化的积淀，对青年发展的影响则更是深厚而持久的，由此产生了青年发展的文化特征这一发展维度。

发展的文化特征即指个体在发展过程中因受到环境中文化因素的影响，而被深深地烙上文化标记的发展特征，也可以说是发展的文化性。从世界范围上看，这种发展的文化性主要体现在因东西方文明的差异而导致了东西方青年发展的不同行为价值取向；从国内范围看，因不同民族和区域的不同文化取向，也产生了青年发展中的不同思想和价值取向。基于这样的前提，本章将着力探讨，在广袤的中原大地上，充分地吸吮着中华传统文明的河南青年是一个怎样的发展历程与样貌。

二、中华优秀传统文化在中原

作为中华文明的主要发祥地，河南地域所承载的文化同其他省市相比可以说具有独一无二的优势。

2009 年 10 月，时任河南省委书记的徐光春在郑州大学举办历史专题讲座时，首次提出"一部河南史，半部中国史"的论断，震惊史界，但又得到普遍公认，可以说是真实地反映出河南在中华文明发展历程中具有举足轻重的历史地位。

河南作为中华民族和中华文明的重要发祥地，五千年中华文明史中有 3000 年是全国的政治、经济、文化中心，河南历史曾是中国历史的主流和浓缩，不仅影响和推动着中国历史的发展进程，而且在今天乃至将来仍然具有巨大的价值。河南自古为帝王之州。"昔三代之居，皆在河洛之间"，夏朝 17 个帝王 15 个建都河南，商朝 5 次迁都 4 次在河南，西周营建洛邑，东周迁都河南；此后，东汉、曹魏、西晋、北魏、隋唐、五代各国、北宋等均在河南建都。从夏算起，先后共有 20 多个朝代的 200 多位帝王在这里建国，几度形成了政治文明的巅峰与辉煌。中国八大古都，河南就有洛阳、开封、郑州、安阳四个。此外，河南、新郑、濮阳、禹州、许昌、汤阴、商丘、淇县、南阳、邓州、沁阳 11 个城市在历史上都曾作过都城，中原大地形成了最密集的古都群。自远古至当今，中原地区虽然战乱频仍、历经磨难、饱受风霜，但河南历史文化以其顽强的生命力，始终一脉相承、坚韧强固，并且与时俱进、历久弥新。一是早期文化谱系不断。从 50 万年前的南召猿人，到新石器时代的裴李岗文化、仰韶文化、龙山文化、二里头文化、二里岗文化、殷墟文化，形成了完整的发展链条，始终自成体系。中原文明因包容而博采众长，因开放而不断创新，具有强大的吸引力和发展张力。二是从现代的地域视角来透视中原文明的辐射力，一方面，国内影响范围大。随着大量中原人南迁、北方少数民族内徙的脚步，以及历代王朝以中原文化为范本向全国推广和其他区域族群因仰慕主动学习，中原文明作为先进文明，其基本礼仪规范、道德标准、价值体系、思想观念、生活习俗等，日渐被全国其他地区的群众所接受，出现了"中国之礼、并在诸夷""化民成俗、万里同风"的现象和效果。岭南、赣南、闽台等地族群都是吸收了中原文明的先进因子，加快了当地文明演进的步伐。另一方面，海外传播异域广。秦汉以来，中原文明通过陆路和海路交通，向东影响了朝鲜、日本等东亚国家；向南影响了越南、缅甸、泰国等东南亚国家；向西则开辟了延续千年的丝绸之路，影响了中亚、西亚、东欧等地。据有关专家考证，北美洲的印第安人是由商末周初时期殷人经白令海峡迁徙去的，也有专家认为印第安文字是受甲骨文影响形成的。如果把汉文化的辐射范围称为"汉文化圈"，那么作为中华文化的骨干，中原文化的辐射形成了一个轮廓清晰的文化圈层，以当今自然地理为划分，河南是"汉文化圈"的核心极，中国成为核心层，周边国家和华人聚集区则构成了辐射圈。

从自然科学领域，古代响彻中外的"四大发明"中共有指南针、火药、造纸三大发明始于河南。

从思想启蒙看，河南是道家、墨家、法家、名家、纵横家等思想的发祥地，有大家熟知的老子、庄子、墨子、白居易、岳飞等历史名人。同时河南也是华夏姓氏的重要发源地。素有"陈林半天下，黄郑排满街"之称。

如此厚重的历史与文明，既是财富又是动力。

徐光春说，厚重的历史文化对今天河南发展来说，是一本深刻的教材、一面明亮的镜子、一笔巨大的财富，为我们揭示了客观规律，积累了宝贵经验，带来了深刻启迪，留下了资源富矿，提供了精神支撑。

它是激励中原儿女的精神源泉；它是提升河南形象的金字招牌。河南历史具有广泛的凝聚力，让人亲近；具有强烈的震撼力，让人仰慕；具有强大的穿透力，让人共鸣；它是促进文化繁荣的战略资源。中原大地历史遗存众多，无论从储量看、从特色看，还是从品位看，都是一座内容丰富、门类齐全的文化资源大宝藏；它是实施旅游立省的有力支撑。中原历史文化资源得天独厚、首屈一指，是旅游产业发展的大宝库、旅游产业升级的点金石；它是推进社会和谐的重要动力。中原文化蕴含着"以和为贵、和而不同、和以处众、内和外顺"的和谐思想，是我们今天构建和谐社会的精神源泉。

身处这博大精深的历史空间里，站在这厚重而凝重的文化土地上，一代代河南青年的发展文化特征有怎样的过去，又该如何面向崭新的未来？

三、河南青年发展的传统文化特征

纵观几千年来河南文明史，"河南人"一直是社会关注的焦点，其中严谨的学术研究有所涉及，但回响唏嘘；反而在民间到处充斥着对河南人的各种歧义，显然这是一种不正常的现象。本章将对此不予评价，主要就目前占据主流的公论给予展示。

1. "三平"精神说

随着改革开放的不断发展，河南外出务工的农民工队伍不断壮大，并逐渐成为展示河南精神风貌的群体，而以魏青刚、裴春亮、黄久生等为先进代表的农民工不断涌现，为河南人赢得了荣誉。

2010年3月3日，在河南进京务工人员座谈会上（见图4-1），时任河南省省委书记卢展工对在外务工的河南人给予了高度评价，称赞这些普普通通的河南人、踏踏实实的河南人、不畏艰难的河南人、侠肝义胆的河南人，以自己的点滴行动，充分体现了"平凡之中的伟大追求、平静之中的满腔热血、平常之中的极强烈责任感"。由此，"三平"精神河南人的形象凸显出来。

图4-1 2010年3月时任河南省委书记卢展工在北京接见驻京河南籍农民工代表

资料来源：课题组拍摄。

"三平"精神是时任河南省委书记的卢展工同志基于对河南的长期考察所得出的重大结论。可以说也是基于中原优秀文化背景下，对中原人群体性格的精练概括，是河南精神内核的生动展现和总结，具有很强的社会代表性。

2. 河南"好人说"

"中国好人"是由中央文明委发起的，旨在弘扬真、善、美，激励了人们向上向善，孝老爱亲，提高了广大群众的思想觉悟和文明素养，形成了民风淳朴、乡风文明的一项常设活动。配合此项活动，各地政府和爱心企业也开展了具有本土化的"好人"评选活动，极大地推动了各地精神文明建设工作，促进了文明风貌的提升。

作为华夏文明和中华民族的核心发祥地，河南历史悠久，文化底蕴深厚，从来不缺英雄模范人物。数千年来英雄人物辈出，代父从军的花木兰、精忠报国的岳飞、忠义不屈的史可法等。当前，这一悠久的文明风貌又开出新时代文明花朵。

在每年一度全国性的"感动中国十大人物"评选当中，河南人几乎年年上榜，17年来有16位河南人上榜：张荣锁、任长霞、魏青刚、洪战辉、王百姓、谢延信、李剑英、李隆、武文斌、李灵、胡佩兰、刘洋、陇海大院、王宽、王锋、张玉滚。17年来，一个个"感动中国"的河南人展现出震撼心灵的精神力量，"河南好人"形象也在全国引起强烈反响。

国内某企业发起的"天天正能量"已联合全国50多家合作媒体，发起了56期正能量常规评奖以及120次特别策划奖励，累计奖励的好人好事已超过800件，全国各省份中河南获奖次数最多，达到46次。

身处中原腹地的太康县，是中华文明重要的发祥地之一。近年来，该县积极认真大兴文明之风，依托评选"十行百星"、挖掘好人故事、树立好人标杆、培育向善向上、建设好人园、设立好人节、传播新风尚。十年间，全县先后涌现出1400多名"十行百星"人物，一名河南省道德模范，15名周口市道德模范，5名"感动周口"人物，54名"中国好人"。"中国好人"总数位居河南省县级城市首位、全国前列，因此，太康被誉为"中国好人之城"。

河南省文明办领导在总结原因时指出：做文明人、办文明事是时代的要求，河南好人获奖最多，原因在于河南省的正能量基数大。河南人的传统和品质，决定了河南会层出不穷地涌现出见义勇为、孝老爱亲、助人为乐、诚实守信和敬业奉献的典型人物。

郑州大学社会学教授纪德尚在分析原因时指出：是朴实的中原文化造就了朴实的中原人。这种礼仪文化底蕴深厚，虽然在社会发展中，优秀文化和经济发展曾发生一些碰撞，但河南人的内在品质是固有的、不可改变的。

3. 红色精神说

红色精神是指以共产党为核心代表的老一辈革命家和建设者，在长期的革命斗争和建设实践中，所创造、展现并流传下来的革命意志和精神理念。在河南，最具代表性的莫过于穿越时空、历久弥新的"三大精神"，即焦裕禄精神、红旗渠精神和愚公移山精神。在社会主义新时代，这三种精神是河南人精神典型的集中体现。

焦裕禄同志为了改变兰考贫困面貌，抱病带领全县人民与严重自然灾害进行顽强斗争，直到生命的最后一刻想的仍然是老百姓，树立了一个优秀党员干部的光辉形象。焦裕禄同志不仅给兰考人民创造了宝贵的物质财富，更给党和人民留下了宝贵的精神财富——焦裕禄精神。2009 年，习近平同志在视察兰考时把焦裕禄精神概括为"亲民爱民、艰苦奋斗、科学求实、迎难而上、无私奉献"五种精神。

红旗渠精神以独立自主为立足点，以艰苦创业、无私奉献为核心，以团结协作的集体主义精神为导向，既继承和发展了中华民族勤劳坚韧的优良传统，又体现了当代中国人的理想信念和不懈追求。如今的红旗渠，已不是单纯的一项水利工程，它已成为民族精神的一个象征。

70 年前，毛泽东同志在党的七大上发表《愚公移山》著名讲话，号召全党全国各族人民"下定决心，不怕牺牲，排除万难，去争取胜利"，愚公移山精神由此成为中华民族精神的重要组成部分。

4. 河南"保守""中庸"说

由于长期的小农经济思想的束缚，以及儒家文化的侵染，河南人也被贴上了"保守"和"中庸"的标签，关于这一点，无论学术上还是民间传说，都已成为共识。

正统保守，其主要表现是循规蹈矩的思维方式和中庸之道的文化心理传统。人们判断是非、曲直、善恶、真伪的尺度都是从先贤明哲、四书五经中严格推衍派生出来的，无须独立思考，而且这些尺度、准则、规范都是千古不变的大经大法，"天理人情经古不变"。有研究表明：虽然河南人很勤奋，能吃苦，生活习惯历来以简朴著称，尤其是农村人是很朴实的，但河南人乡土观念很重，墨守成规，不思进取，封闭保守。河南是农业大省，经济以农业为主，人口以农民为多。在许多经济落后、交通闭塞的地区和边远山区，农民世世代代过着"面朝黄土背朝天"的单调生活，整年累月把生命的能量倾注在贫瘠干旱的土地上，从土里刨食，靠天吃饭。外面的世界，对他们来说是陌生的，险恶难测的，也是不值得羡慕的。白天是"二亩薄地一头牛"，晚上是"老婆孩子热炕头"，生活得悠然自在。他们坚信"以农为本"的古训，认为种好庄稼才是"本分"，务农之外的经商等活动都是"不务正业"，土地才是"命根子"。

"中庸"是一种处世哲学和修行之道，强调的是不偏不倚、不左不右、不进不退、四平八稳的过犹不及的适度原则。在中国文明发展进程中，虽有一些反叛思想的冲击，但中庸思想在国人的心中很难动摇，并被一代代中国人所传承，居于中原的河南人尤为推崇。翻开《河南历代名人辞典》可以看到，从秦汉至近代两千多年间，河南出了许多经学家、理学家：韩愈、程颐、程颢……却少见离经叛道、大胆创新的"异端"思想家和改革家。

四、河南优秀传统文化影响青少年的基本方式

1. 物化教育——以博物馆和文化古迹为载体的文化教育

物化教育即是以现存的文化古迹和遗物为依托所开展的文化教育，是国家和民族继承传统，保护遗产的重要载体。

自中华人民共和国成立以来，河南逐渐以其丰富的文物古迹被誉为"露天的中国历史博物馆"。根据2017年中国统计年鉴，截至2016年底，河南省已建成博物馆和纪念馆突破270余座，国有馆藏文物170余万件，河南省文化文物系统免费开放博物馆多达200余家，年举办各种展览480个，年接待参观人数近4964万人次。

博物馆、纪念馆是弘扬优秀传统文化、建设社会主义核心价值体系的重要阵地，是青少年的第二课堂。通过陈列展览和讲解，对传统文化进行分析鉴别，"汲取其精华，剔除其糟粕"，摒弃消极的东西，传播正能量，弘扬爱国主义为核心的民族精神。

2010年以来，随着国家和地方政府实施公共博物馆、纪念馆免费开放政策，进一步激发了公众参观的兴趣，参观人数普遍比免费开放前增长数倍，有的甚至

增长十倍之多，使博物馆日益融入百姓生活，进一步扩大了优秀传统文化传播的范围，为经济社会发展特别是青少年发展提供有力的精神力量和精神滋养。

2. 活化教育——以直观生动的行为表现为载体的教育方式

作为河南重要文化名片，少林武术和河南豫剧是传承中原文化的重要载体。几千年来通过民间流传与演化，以及通过政府保护和支持，不断发扬光大，名扬四方。其所涵盖的内在文化精髓深深地植根于广大河南青年心中，成为去不掉的中原精神标注。

豫剧起源于明朝中后期，是在河南盛行的时尚小令（民歌、小调）的基础上，吸收北曲弦索、秦腔、蒲州梆子等演唱艺术后发展而成的。豫剧以唱腔铿锵大气、抑扬有度、行腔醋畅、吐字清晰、韵味醇美、生动活泼、有血有肉、善于表达人物内心情感著称。展示出河南人幽默诙谐、乐观向上、质朴无华、宽厚浩然的文化风貌。

少林武术已经有1500多年历史，北魏太和十九年（公元495年），孝文帝为印度高僧跋陀在中国嵩山敕建少林寺。后因于唐初少林寺十三僧人助唐王李世民讨伐王世充有功，受到唐朝封赏，而被特别认可设立常备僧兵，因而成就少林武术的发展。

少林寺因武艺高超，享誉海内外，"少林"一词也成为中国传统武术的象征之一，如古龙小说中的"七大门派"即为"少林、武当、昆仑、峨眉、点苍、华山、海南"等派别，其中少林即位居第一门派。少林武术作为一种人文文化现象，是佛教的禅宗文化的体现；作为一种人体形态文化或是作为健身、御敌、竞技专案，具有强身健体、伸张正义的功效。不仅是河南的文化遗产，中华文化的宝贵遗产，也是世界的文化遗传。

作为一种强身健体、抵御侵犯的技能，少林武术深得广大青少年的喜爱，每年都有成千上万来自全国各地的青少年，投奔少林武术的发祥地——登封求学习武。据不完全统计，以登封县为核心的河南武校，每年招生多达十万之众。以20世纪80年代创立的少林寺塔沟武术学校为例，学校每年在校习武学生近30000余人，是目前国内外影响较大的以文化教学为基础、武术教学为特色的教育教学单位。

3. 民俗教育

民俗，即民间风俗，指一个国家或民族中广大民众所创造、享用和传承的生活文化。民俗是源于人类社会群体生活的需要，在特定的民族、时代和地域中不断形成、扩散和演变，为民众的日常生活服务。民俗一旦形成，就成为规范人们的行为、语言和心理的一种基本力量，同时也是民众习得、传承和积累文化创造成果的一种重要方式。

河南地处中原，是中华民族最早的发祥地之一。千百年来中原人民在这片古老的土地上创造了丰富多元的民俗文化，如一年一度的拜祖大典、被列入非物质文化遗产的陈氏太极、锣戏、卷戏、梆子戏等种类繁多的民间戏剧。

随着政府对传统文化发展的重视程度不断提高，河南省散落在民间的各类民俗近年来也得到充分的挖掘。据相关部门统计，截至 2017 年底，有近 200 个来自河南各地的民间文化种类被逐一展示出来，充分显示出河南传统文化的博大精深和广泛的融入性。

4. 学校教育和社会教育

学校教育是按照国家教育制度所开展的正规化青少年教育体系，社会教育主要是由社会机构根据社会的需要针对青少年所开展的辅助性教育。

无论是学校教育还是社会教育，对于青少年而言，都是成长与发展的重要阵地，其教育的价值取向和内容安排，直接影响着青少年一代的成长方向和成长质量。

除学校教育和社会教育所开设的正常文化知识教育外，自 2008 年以来，代表着中国传统文化精髓的"国学"热逐渐渗透到学校教育和社会教育中来。其中，社会教育系统因其具有较高的自由度，在推崇"国学"教育上最为活跃。仅以开办的"国学"教育机构规模为例，截至 2016 年，河南省开办"国学"课程的社会教育机构多达 300 余所，在读"国学"青少年每年多达近 5 万余人次。作为一种文化流行，"国学"一次次成为社会关注的热点和焦点。

这里的"国学"，又称"汉学"，主要是指以先秦以来诸子百家所创立的《诗经》《论语》《左传》《大学》《中庸》等中国古代思想体系，是中华文明、中华文化的集中代表。随着国家现代化建设的发展，特别是党的"四个自信"理论确立，弘扬和继承优秀传统文化成为中国发展进程中必须完成的功课。

作为文化大省，河南在全国性的"国学"热中独领风骚，显示出中原大地独特的地域优势、人气优势和政策优势。作为时任河南省委书记的徐光春，2010 年，亲临教学一线，亲自担纲主讲"国学"文化，创下了省委主要领导亲讲"国学"的全国纪录，充分显示出河南继承和发扬优秀传统文化的决心和毅力。

5. 媒体传播

媒体特别是主流媒体是传播思想的重要阵地。在大力挖掘和弘扬本土文化的时代背景下，河南的主流媒体也开创了文化传播的新境界，其中以河南电视台所创办的全国知名的《梨园春》等为主要代表。

《梨园春》是以传播豫剧艺术为目的、汇集全国各地不同戏曲剧种，通过戏迷擂台赛方式呈现的一档戏曲综艺旗舰栏目。于 1994 年在河南卫视推出，至今已有 20 余年的历史，是中国生命力最强的电视节目之一。2000 年至今平均收视率保持在 18.6%，最高达 35.7%，受到领导、专家和观众的普遍好评，成为河南卫视的一个名牌栏目，对繁荣电视文化事业、推动河南戏曲的发展以及弘扬民族文化都起到积极的促进作用。在国外的推介中，也受到了热烈的欢迎和好评，并在当地掀起了强劲的"中国热""河南热"，为当地人民了解河南、了解中国搭建起一座文化桥梁。

随着《梨园春》的影响力不断外溢，参与栏目的观众也日趋年轻化，截至2016 年，参与《梨园春》栏目的最小观众是来自河南睢县的年龄仅为 3 岁的孔莹。彰显出在创新的时代背景下传统文化对青少年强大的吸引力和感召力。

《华豫之门》是河南卫视另一档传播中原文化的栏目，主要以鉴宝与文物知识普及为己任，是河南卫视三大品牌栏目之一。在欢快的节目气氛中让大家了解中原文化，时段收视率稳居全国前十，栏目荣获 2009 年度全国综艺节目 30 佳。

6. 政府主导、市场参与下的文化推广与创新

改革开放以来，河南省委省政府出台了一系列加快发展文化产业的保障性、指导性文件，河南文化产业发展正在进入经济建设的主战场，同时也迎来了一个加快发展的黄金期。从最新统计数据显示传统优势文化产业的良好发展、新型文化业态发展加快和中原文化品牌效应持续提升，从汝瓷、钧瓷、唐三彩、汴绣、安绣、剪纸、玉雕、漆雕、泥塑等传统工艺品的创新到中国传统村落新媒体互动数字出版社、文物数字博物馆综合服务等一大批新兴文化业态项目，从《程婴救孤》《风中少林》《水月洛神》《焦裕禄》等为代表的精品剧目到《禅宗少林·音乐大典》《大宋·东京梦华》《水秀》等为代表的演艺品牌以及《小樱桃》《漫画月刊》《少年司马光》等为代表的动漫品牌的创造，彰显出河南省上下强力推进文化强省的决心和意志。

"三月三，拜轩辕"。为纪念轩辕黄帝的丰功伟绩，河南当地人们每年三月初三都要举行各种祭拜活动。这种祭拜活动几千年间代代相袭历久不断，一直延续至今。一个民族需要认同自己的根，了解历史，总结过去，才能开拓美好的未来。中华儿女，无论身居何处，都是炎黄子孙，都会世世代代纪念黄帝，缅怀先祖的伟大业绩。尊祖敬宗，传承文明，不仅是中华传统文化的重要基石，也是中华民族自强不息，厚德载物，屹立于世界民族之林的原动力。

正是基于此。从 20 世纪 90 年代起，新郑市每年都举办大型炎黄文化节，吸引了大批海内外炎黄子孙来轩辕黄帝故里寻根拜祖。同文同源，同祖同脉，血脉相连，维系着全球华人的这份浓浓亲情，是任何力量都挡不住、割不断的。为了进一步扩大黄帝文化的影响力，顺应中华各民族，特别是海外赤子的意愿，打造文化强省，河南省委省政府果断做出决定，从 2006 年起，黄帝故里拜祖大典升格为省级主办，提高规格、扩大规模、增加内涵。

五、在传承中实现青年发展新跨越

中国优秀传统文化有独特的价值体系，对古代中国的社会稳定、经济发展、个人修养发挥过巨大作用，同时也具有巨大的时代价值。建设社会主义文化强国要紧紧围绕时代主题，挖掘传统文化中的积极因素，作为社会主义核心价值观的理论支撑，努力维护文化的一脉相承性，使文化的功能得到最大限度的发挥。

1. 激发传统文化的活力，服务文化强国建设

学习优秀传统文化，树立社会主义核心价值观。党的十八大确立了与我国历史文化相契合的社会主义核心价值观，其中许多观念都可以在传统文化中追溯到其理论渊源。社会主义核心价值观作为我国政治文化的重要组成部分与政治制度相互作用，起着共同维护政治稳定促进政治发展的作用。渗透着中华传统文化的社会主义核心价值观也会在调动社会各个阶层对政治生活的关心，扩大政治参与、促进政治社会化等方面起到积极作用。学习和了解了我国的传统文化，才会更加坚定不移地去维护社会主义核心价值观。

2. 弘扬中华优秀传统文化，提升我国文化影响力

随着改革开放程度的不断加大，各国、各地区的开放程度逐步扩大，文化的碰撞和交流也更加深入，文化作为一种软实力，已经被提升到了新的高度。儒家文化在全球范围内得到了越来越广泛的关注与推崇，这是西方国家深入了解中华文明的良好契机，也是我国扩大文化影响力的有效途径。

3. 弘扬优秀传统文化，提高公民道德修养

公民是民族文化的最初创造者和永恒传承者，在构建文化强国的新时期，公民应该自觉加强自身道德修养，践行社会主义核心价值观。中国传统文化尤其是儒学思想中包含了一系列重视个人道德养成的价值体系，如仁、义、诚、信、孝、和、忠、廉等。公民树立和培育社会主义核心价值观，需要结合中华美德，重视个人道德修养。

4. 弘扬优秀传统文化，要坚持反省发展和创造性转化相结合

要运用历史唯物主义和辩证唯物主义的观点和方法传承和弘扬中华优秀传统文化，秉持客观、科学、礼敬的态度，"取其精华、去其糟粕"，在持续扬弃中继承、在不断反省中创新，使中华民族最基本的文化基因与当代文化和现代社会相适应、相协调，真正实现文化继承与人类思想飞跃共前进。同时要有交流互鉴、开放包容的眼光和心怀，在处理优秀传统文化和外来文化的关系时，坚持"以我为主、为我所用，取长补短、择善而从"的基本方针，既不奉行简单的拿来主义，也不盲目排外，而是有鉴别地吸收外域优秀文明成果，不断丰富和发展中华文化。在继承和发展中实现青年发展新跨越。

第 三 篇

青年参与

第五章　新型农村社区建设中的青年参与的研究报告

【摘要】 自 2011 年河南省九次党代会以来，作为城乡统筹、城乡一体化和新型城镇化切入点，新型农村社区的建设开始在全省全面铺开。如何组织和引导农村青年积极投身和参与新型农村社区建设，成为河南共青团各级组织围绕党的中心工作服务大局所面临的重大课题。通过近四个月的 3000 余份问卷调查和 20 个社区现场走访，全面而深入地分析了河南省新型农村社区建设中的青年参与现实情况及发展规律。调查结果总体认为：目前河南省新型农村社区建设仍处于发展时期；现有的农村社区青年在人口结构、文化素养、行业身份、劳动方式、精神生活等方面发生显著而积极的变化；在社区，邻里间依然和谐、和气、和睦；了解、认同并强烈支持新型农村社区建设；对于新型农村社区建设给生活的改善和收入的增加等方面抱有积极的预期；在社区建设参与方面，前期主要集中在宣传发动、房屋承建、民主参政等方面，后期主要集中在文化建设、行业（角色）转型、高效农业等方面；不同的参与渠道、不同的参与体制属性、不同的参与主体来源构成了多样化青年参与方式；参与的深度与广度有待提高；社区基层团组织健全但作用有待进一步提高。根据研究结果，提出了加大农村青年参与新型农村社区建设的参与意识的挖掘与培育等五项建议措施。

一、研究目的与背景

（一）研究目的

全面了解河南省新型农村社区建设视野中的青年参与现状与规律，深入探索在新型农村社区建设中促进青年参与的有效途径和长效机制；探索共青团基层组织及其建设对新型农村社区建设中青年参与的重要功能。

（二）关于新型农村社区建设的背景

新型农村社区，是指打破原有的村庄界线，把两个或两个以上的自然村或行政村，经过统一规划，按照统一要求，在一定的期限内搬迁合并，统一建设新的居民住房和服务设施，统一规划和调整产业布局，组建成新的农民生产生活共同体（也称作"中心村"），形成农村新的居住模式、服务管理模式和产业格局。

在建设新型农村社区的过程中，河南省各地依据当地的经济发展背景、人文地理资源等因素，逐步探索出了新型农村社区建设的五种模式①。

一是产城带动型：采取政府引导、商业开发方式，对地处中心城区、产业集聚区内的村庄进行改造，集聚人口，集中集约土地，变农民为市民，为城市发展工业项目建设拓展空间；二是村庄合并型：对乡镇政府驻地或周边村，通过资源整合、市场化运作的方式建设新型农村社区，推动人口向城镇集中、居住向社区集中；三是整村搬迁型：对居住分散、交通不便、大型工程项目征地拆迁、煤矿塌陷村、压煤村、环境不适宜居住的行政村或移民安置村，在交通便利的地方重新选址建设农民集中居住社区；四是旧村滚动发展型：对交通便利、地理位置好，居住较为集中的行政村，通过建新拆旧，滚动发展的方式，逐步建设新型农村社区；五是文化旅游产业聚集型：对靠近大型文化旅游风景区的村，依托景区服务，在风景区周围形成与景区风格融合的新型农村社区。

---

① 张涛．焦作市新型农村社区建设的探索与实践［J］．资源导刊（行政综合版），2014（2）：17－18.

河南省的新型农村社区建设发端于农民自发性的房屋建设①。

改革开放以来，河南省多数地方曾出现三轮建房热潮，平均10～15年建一轮新房，第一轮出现在20世纪80年代，由土坯房建半砖半坯房即"里生外熟型"；第二轮出现在20世纪90年代，由半坯半砖房建砖瓦房；第三轮出现在21世纪初，由砖瓦房改建砖混房。近年来，随着国家取消农业税、加大支农惠农补贴力度、农民外出务工收入增加等，农民群众有了一定的资金积累并开始走向富裕，要求再次改善生活环境和居住条件的愿望十分迫切。对此，各地自发组织开展"合并小型村、改造空心村、集中建新村"的探索。

2003年，濮阳庆祖镇西辛庄村与相邻的东辛庄合村建设，成立了西辛庄村党委，统一规划建设别墅新村，全部村民都住上了建筑面积205平方米的新住宅楼。2005年，新乡辉县市张村乡裴寨村村委会主任裴春亮为改变该村布局散乱、贫穷落后的面貌，个人捐资3000多万元带领群众开挖荒山集中建设新村，无偿为每户分配一套两层楼房。

在农民群众自发探索的基础之上，部分省辖市开始有组织地启动村庄搬迁整合工作，并将其作为新农村建设的重要途径。时任河南省委书记卢展工主政河南工作以来，先后到信阳、新乡、安阳、许昌等多地，深入基层，深入农村，深入群众，充分调研各地合村并点、集中建房的做法。在调研的基础上，将各地开展的中心村、示范村、农村住宅社区等建设模式归纳统称为"新型农村社区"，并将其提升到城乡统筹、城乡一体化和新型城镇化的高度，明确提出要以新型农村社区为载体，将城市基础设施向农村覆盖、公共服务向农村延伸，化农村为城市，化农民为产业工人，让广大农民过上城市人的生活。2011年召开的河南省第九次党代会，进一步将新型城镇化引领这一战略上升到理论层面，高度概括为"两不三新"的科学论断，指出要着力增强新型农村社区战略基点作用，努力探索走出一条以新型城镇化为引领的，新型城镇化新型工业化新型农业现代化新型"三化"协调科学发展的路子②。在河南省九次党代会报告中指出："新型城镇化是以城乡统筹、城乡一体、产城互动、节约集约、生态宜居、和谐发展为基本特征的城镇化，是大中小城市、小城镇、新型农村社区协调发展、互促共进的城

①　谢保恩. 关于我省新型农村社区建设情况的汇报［C］. 新型农村社区建设中的青年参与和团建工作研讨会交流材料，2012.

②　卢展工. 深入贯彻落实科学发展观全面推进中原经济区建设为加快中原崛起河南振兴而努力奋斗［R］. 中共河南省第九次党代会大会报告，2011.

镇化。"

目前，加快以新型农村社区为战略基点的新型城镇化建设，已成为河南省各级各部门的共识。2011 年，各市、县（市、区）已开工建设新型农村社区 2302 个，500 个左右基本建设成型，达到了设施齐全、服务完善、环境优美、制度健全的标准。

在新型农村社区建设的实施上遵循了以下原则：

（1）坚持正确的政策方向。在 2011 年召开的河南省第九次党代会上，卢展工书记明确提出，新型农村社区建设是统筹城乡发展的结合点、推进城乡一体化的切入点、促进农村发展的增长点，要着力增强新型农村社区战略基点作用。此后，省委经济工作会议、省委农村工作会议对新型农村社区建设工作进行了具体的安排部署，要求各地按照"分类指导、科学规划、群众自愿、就业为本、量力而行、尽力而为"的原则有序开展新型农村社区建设。

（2）坚持尊重群众意愿。河南省在推进新型农村社区建设过程中，始终坚持把保障农民权益放在首要位置，充分保障农民群众的知情权、参与权、监督权、决策权，不强迫命令，不包办代替，不搞"一刀切"，严禁违背群众意愿搞强拆强建。在社区建设过程中，全程落实"四议两公开"工作法，村庄重建、迁建、合并、农民建房方案等，均须经村民会议 2/3 以上成员或 2/3 以上村民代表同意后才能施行，让群众代表参与监督工程建设和质量全过程。

（3）坚持科学编制规划。直到 2011 年 12 月底，《河南省新型农村社区规划建设标准》已基本编写完毕，将直接为新型农村社区规划建设提供重要的实施标准。同时，新型农村社区布点规划也正在编制之中，到 2012 年底，新型农村社区布点规划要完成 50% 以上；到 2013 年底，新型农村社区布点规划将全部完成。各地也因地制宜地制定了新型农村社区建设规划。

（4）坚持加大资金扶持力度。从 2010 年开始，河南省财政资金安排 5 亿元扶持资金，专项用于新型农村社区基础设施建设、人居环境改善和社会事业发展，并以此带动各地积极推动新型农村社区建设。在省级资金的引导下，各省辖市、县（市、区）不断加大对新型农村社区的投入力度，2011 年，各省辖市、县（市、区）共投入财政资金 19.7 亿元，整合财政资金 26.3 亿元，吸引社会资金 50.7 亿元，接受社会捐助 7.5 亿元。2012 年，各地拟投入 31 亿元用于新型农村社区建设，其中郑州市拟投入市级财政资金 2 亿元，新乡市拟投入市级资金 1 亿元，安阳市拟投入市级资金 5000 万元，用于支持新型农村社区建设。同时，河南省农行在全国率先推出"新农村民居建设贷款"，共对新乡、安阳、周口、开封、商丘、南阳、鹤壁等27个新型农村社区建设项目进行了项目准入和信贷支持，发放贷款2.69亿元，支持了4445户农户购建社区住房。

（5）坚持鼓励社会投入。通过深入开展"千企帮千村"、村企联建等形式，积极引导社会资金投入新型农村社区建设。综合运用土地、信贷和规费减免等优惠政策，吸引房地产开发、工程设计、土建施工及其他企事业单位积极参与新型农村社区建设。引导和鼓励社会各界积极捐资捐物、投工投劳，参与支持新型农村社区建设，形成村企融合共建多种模式竞相发展，企业投身新型农村社区建设的热潮。

辉县市孟电集团捐资1.3亿元建设新型农村社区，成为河南省建设新型农村住宅社区中捐款最多的民营企业，全村351户1200多位村民不用花自己的一分钱，正式入住社区内自家的近300平方米的别墅，由村民变成了社区居民。

（6）坚持强化产业支撑。新型农村社区建设，不仅仅是规划引导农民建房，更重要的是促进农民就业增收。河南省通过发展产业集聚区、规划农民创业园、大力发展现代农业等途径，积极培育社区产业支撑，促进农民就近就地转移就业。如新乡市入住社区的农户，从事第二、第三产业比重由入住前的49.8%提高到入住后的79.1%，"就业不出镇，务工不进城"，成为农民转移就业的新趋势。

从目前河南省新型农村社区建设的现状看，取得了如下成效[①]：

（1）促进了农村生活条件改善。新型农村社区建设能够打破城乡二元结构，实现城镇生产要素和产业链条向农村延伸、基础设施和公共服务向农村覆盖，实现农村劳动就业、基础设施、社会保障、公共服务的城市化。

舞钢市张庄社区，医疗卫生、社区警务、劳动保障、社会救助、文化体育等基本公共服务机构和超市、快餐店、幼儿园等服务设施一应俱全，农民不出社区就可满足就近购物、就医、就学、休闲娱乐等生活需求（见图5-1）。

（2）促进了农民就近就业。新型农村社区建设强调产业为基、就业为本，通过人口聚居、要素集聚、土地集约，为农业、工业、服务业的发展提供了载体，为就近转移农民、就地富裕农民创造了条件，使农民在家门口就可以打工赚钱，实现"离土不离乡、就业不离家、进厂不进城、就地市民化"。

---

① 张梅颖. 在希望的田野上（调研札记）[N]. 人民日报, 2010-05-05（20）.

图 5 - 1 舞钢张庄社区公共服务设施

资料来源：课题组拍摄。

商丘市将全市产业规划与社区规划同步进行，引入了香雪海、万宝、阿玛尼、阿迪达斯等知名企业，可带动 35 万名农民就近就业。

（3）促进了粮食增产增收。新型农村社区通过合村并点、拆旧建新，腾出大量的村庄占地复耕，确保耕地面积只增不减，从而为河南省粮食核心区建设奠定了物质基础，在构建国家粮食安全保障体系中发挥更大作用。目前，河南农村人均住宅占地 248 平方米。如果通过新型城镇化建设，使之减少到 200 平方米，就能腾出 400 多万亩地，可确保实现耕地占补平衡。随着越来越多的农村劳动力从农业中分离出来，让较少农民得以经营较多土地，真正实现农业规模化、集约化经营，从而进一步提高农业生产率和土地利用率。

（4）促进了经济持续发展。各地利用新型农村社区建设腾出的土地，通过自主开发、合资合作、产权租赁、使用权入股等方式，建设标准厂房、专业市场、仓储设施、商铺店面，发展农村的第二、第三产业，促进了经济发展、农民增收。

（5）维护发展了农民权益。新型农村社区建设，通过向产权人颁发集体土地使用权证和房屋所有权证，显化了农民土地财产权，增加农民财富积累和财产性收入，让农民从"无产者"成为"有产者"；通过为社区农民办理城镇居民户口、纳入城镇社保体系，让农民同等享受城市居民待遇，享受普惠政策带来的阳光雨露；通过统筹考虑基础设施和公共服务设施建设，能够从根本上改善农村环境面貌，让越来越多的农民共享改革发展的成果。

当然，河南省新型农村社区建设也暴露出一些问题①：

（1）新型农村社区的真正内涵认识不到位。认为新型农村社区就是简单地把几个行政村集中居住，建成一个较大的农村组合体。而对于社区所具有的内在功能认识不够，这样在社区建设中极易流于表面，忽视社区功能的建设。

（2）现行的农耕方式制约新型社区的建设。目前，我国农村实施的是家庭联产承包责任制，把村庄周围的整块土地分成许多小块分户经营，由于每户耕地面积狭小，农民一直还在沿用传统的劳动工具，即使近几年部分农村也实行了机械化操作，但总体来说规模仍然比较小。新型农村社区建设必然导致多个村庄的拆并，村庄的拆并必然导致农民远离原来的生产地，他们无法进行生产，离开了赖以生存的土地，他们通过什么予以谋生，这些都是不容忽视的问题。在现有的交通设施和出行方式的影响下，即便是社区建设的规模在一定程度上能够实现，但是村民的生计仍存在很大问题②。

（3）一些地方土地审批手续不够规范。新型农村社区建设，需要占用土地的数量较大，且大部分需要占用耕地进行周转置换。在当前国家严格的土地政策面前，合法审批手续，集约节约用地，是新型农村社区建设中必须重视且迫切需要解决的重大问题。但土地审批手续不够规范的问题在我们调研的新型农村社区普遍存在，很多地方在实际操作中存在以行政命令代替审批，先建社区、后补手续的情况比较普遍。

（4）一些社区基础设施和服务配套设施不够完善。调研发现，一些新型农村社区中，道路、排污、供水、供电、超市等保障社区居民生活的设施比较齐全，而健身娱乐设施、服务中心、卫生室、幼儿园等提高社区居民生活的配套设施建设比较滞后。

（三）参与及青年参与

1. 参与

"参与"是在社会发展过程中，公民基于对自身愿望的实现而采取的行动介入和态度表达。

在此之前，对"参与"这一概念有较多不同角度的阐述和理解。

---

① 孟庆雷. 关于洛阳市、三门峡市、济源市新型农村社区建设的调研报告［R］. 河南省农村工作委员会工作汇编，2012.

② 杨小贞. 河南新型农村社区建设面临的挑战及对策分析［J］. 沧桑，2012（3）：122－124.

"参与"这一概念最早出现于 20 世纪 40 年代末期①，其后 20 年间逐渐发展成具有实践意义的参与式活动。当时，这一领域的研究视角主要集中于社区发展，其活动范围通常为一些国际组织和发达国家支持部分发展中国家的城乡社区进行基础设施建设，开发民众的管理能力，动员他们共同关注并参与社区建设。

　　20 世纪七八十年代，该领域的研究人员开始反思此类工作的作用和意义，逐步意识到，要使发展项目真正服务于当地社区并使之发展起来，必须尊重当地民众的需求和愿望，按照他们的思维方式和生存方式去改善自己的生活，让他们真正获得自决、自立和自身解放的机会。因此，越来越多的国际组织、政府机构和非政府组织放弃了以"索取"信息为目的的研究，更多地让当地民众自己对其生存状态进行调查分析。在这一过程中，当地人不仅将有关信息传递给局外人，而且也用来分析他们自己的生活条件和生存状态。

　　20 世纪 90 年代以后，"参与"成为发展领域最常用的一个概念和基本规则，主要包含如下三个方面的含义：

　　(1) 从政治学的角度，强调对弱势群体赋权，注重发展项目的目标群体在发展过程中的决策作用，对资源的控制以及对制度的影响；项目最重要的目标是达成发展的公正、公平、使目标群体收益。

　　(2) 从社会学的角度，强调各类社会角色在发展过程中的平等的伙伴关系，这种关系不仅意味着他们相互之间应该磋商，而且意味着他们的基本愿望和知识系统都得到充分的尊重。

　　(3) 从经济学的角度，强调"参与"的干预效果；"参与"被认为既是手段，又是目的，因为"参与"可以使社会发展更有成效；由于目标群体的参与降低了干预发生偏差的概率，外来"专家"与当地民众之间的相互学习使干预更具有创新性。

　　在国际发展文献中，不同的机构对"参与"的定义也有不同的解释，相对集中的有如下几种解释：

　　(1) "公众参与指的是通过一系列的正规和非正规的机制直接使公众介入决策。"②

　　(2) "参与是在对产生利益的发展活动进行选择及实施行动之前的介入。"

　　① 徐中振. 全社会重视和参与社区发展事业——"现代文明与社区发展"研讨会综述［J］. 社会科学, 1996 (5)：75－77.

　　② 伯特兰·罗素. 西方的智慧［M］. 北京：世界知识出版社, 1992.

(Uphoff，Esman，1990)①。

（3）"市民参与是对权力的再分配过程，这种再分配能够使在目前的政治及经济活动过程中被排除在外的穷人被包括到发展中来。"

（4）"参与可被定义为在决策过程中人们自愿的民主的介入，包括：①确立发展目标、制定发展政策、规划和实施发展计划、监测和评估；②为发展努力做贡献；③分享发展利益。"

（5）"参与可被定义为，农村贫困人口组织自己、组织自己的机构来确定他们真正的需求、接入行动的设计、实施及评估的过程。这种行动是自我产生的，是基于对生产资源及服务的可使用基础上的，而不光是劳动的介入，同时，也基于起始阶段的援助及支持以促进并维持发展活动计划的执行。"

2. 青年参与的界定及类型

青年参与的主体是青年。本章将青年参与的主体界定为 14 ~ 35 周岁的青年。这个年龄段的青年大都处于求学阶段和职业初期——在社会层面的各种活动中，他们一般并不居于核心和主体地位，而更多地处于"从者"地位。不过，青年虽是"从者"，但如果他们缺位的话，社会层面的各种活动的发生、发展、结局和价值等都会受到深刻影响。

1979 年，联合国大法通过第 34/151 号决议，把 1985 年定为"国际青年年"。青年参与是"国际青年年"活动的口号②。1985 年，世界各国和不同地区纷纷开展青年活动，其主题是：参与、发展、和平。联合国发起的这一集体行动，旨在号召各会员国为青年人口广泛地参与社会政治与经济生活、促进青年发展和青年间的和平相处而努力。联合国大会将青年参与定义为以下四个组成部分：

——经济参与，包括工作和发展；

——政治参与，包括决策过程和权力分配；

——文化参与，包括艺术、音乐、文化价值和表现；

——社会参与，包括社区参与和同代群体。

1998 年 8 月，联合国青年主题小组在葡萄牙政府与联合国合作举办的世界青年事务部长级会议的发言中进一步承诺，他们将致力于：

① 王时浩. 论社区参与［J］. 中国民政，2007（1）：33 – 34.

② 1979 年联合国大会决定。

确保和鼓励青年积极参与社会的所有领域以及国家、区域和国际上的各级决策，并通过创造青年男女履行其公民责任所需条件来确保采取必要的对性别问题敏感的措施以使全球青年男女享有平等的机会。

推广民主进程中的教育和培训，以期加强和协助青年致力于参与充分融入社会。

方便青年通过其代表与立法和决策机构接触，以便他们更密切地参与青年活动和方案的拟订、执行、落实、监测和评价工作，并确保其参与发展。

支持和加强容许独立民主的共同生活方式和政策，包括消除已查明的阻碍青年参与和工作的因素。

高度优先照顾边缘化、脆弱且处于不利环境的青年男女，特别是离开家庭的青年以及流浪街头的儿童，向其提供适当的方案、行动和必要的资金，使其为社会做出有效的贡献。

优先重视建立与青年沟通的渠道，使其可以在国家、区域和国际各级发表意见，并向他们提供所需资料以帮助他们做好参与其事的准备并在其中发挥领导作用。

鼓励青年发挥志愿者精神，并使之成为青年参与的一个重要形式。

青年参与不仅为青年的成长与学习提供机会，还能为他们赖以生存的社会发展发挥作用。国家如保证年轻人有机会为社会发展贡献他们的思想、观点和专业知识，就能从中获益。因此，联合国大会及联合国世界会议者进一步强调并阐述了青年参与在社区发展以及整个社会发展过程中的价值。

当前，国际社会已达成普遍认同，即一个真正民主、宽容、公正的社会应当由懂得合理利用参与权利的公民来支撑。因此，青年应当从小参与对自己未来的决定，进而发展到为自己所在学校、社区、地区或国家的社会与文化组织以及在地区、国家抑或国际层面上参与民主决策。事实证明，同青年参与设计、实施与评估工作的诸如青年社区服务、禁毒等规划或全国青年政策，有效地为目标群体增加了参与的相关性并扩大了参与的途径。这种微观层次上的青年参与可由国家青年政策加以促进，同时，在所有这些授权青年的活动中，确保青年女性的参与权应当予以特别的关注。

虽然加强青年参与得到了世界各国的普遍认同，但论资排辈现象仍或多或少地存在于不同的地区和国家，青年通常被排除于直接影响自己生活的决策层之外。在传统社会中，父辈将价值观与知识传授给下一代，随着全球化进程的加速、科学技术的发展及大众传媒的影响，新与旧、传统与现代的对立集中表现在代际关系中，而确保两代人共同参与相关的社会、政治与经济活动成为缩小代际冲突至关重要的环节。

20世纪90年代初期，学术界一般把青年参与分为"政治参与""经济参与"和"文化参与"三方面。"青年参与是指青年个体或群体表达其利益需求并借此获得特定利益的行为。就表达和争取的利益性质来看，我们可以把青年的参与分为政治参与、经济参与和文化参与三种，所有具体内容的参与都可以归属到三者之一或之二或之三中去"（田科武，1994）[1]。这一划分以青年"表达和争取的利益性质"为依据。

1985年的联合国大会提出青年参与的内涵包括以下四个组成部分：经济参与，包括工作与发展；政治参与，包括决策进程与权力分配；社会参与，包括社区参与与同代群体；文化参与，包括艺术、音乐、文化价值及其表现。

联合国大会将青年参与确定为这四个方面，这是建立在准确把握全世界青年生存发展现状的基础之上的。1973年以来，联合国对世界青年现状发表了一系列的研究报告。研究显示：青年与其他人口群体一样，有他们的忧患和问题。虽然许多国家已为青年制定了策略、政策、规划和项目，但在一个经济、政治、社会、文化和环境不断发生变化的全球化时代，青年的现状中依然充斥着对他们生活不利的问题，他们向成人的过渡阶段更加艰难。参照联合国的划分，本研究着重考察青年"政治参与""文化参与""经济参与""社会活动参与"等方面的状况。

（1）政治参与。所谓政治是普通公民通过各种合法方式参加政治生活，并影响政治体系的构成、运行方式、运行规则和政策过程的行为和活动[2]。

政治参与这一概念最早可以追溯到古希腊，近代法国启蒙思想家卢梭对公民参与社会政治过程进行了理性思考。第二次世界大战结束后，特别是20世纪60年代，政治学学者对政治参与问题作了更广泛深入的研究。在我国，20世纪80年代末90年代初开始对政治参与的研究[3]。

政治参与是公民实现其政治权利的行为，是衡量一个国家民主政治发展程度

---

① 田科武. 中国青年参与：历史与现实 [J]. 青年研究，1994（1）.
② 段钢. 当代中国城市青年政治参与：特点、方式和问题 [J]. 上海青年管理干部学院学报，2006（1）.
③ 何增科. 治理、善治与中国政治发展 [J]. 中共福建省委党校学报，2002（3）.

的重要指标。青年在社会生活中总体上排弱势地位，尚未直接投入社会主流性的政治活动，因此，青年政治参与对于体现一个国家民主政治发展的程度有特别的意义。一般来说，青年政治参与主要有以下几种方式：

参加投票。投票是青年参与政治活动、表达政治意愿的重要手段。与其他政治活动比较，投票所付出的参与代价较低。

参加结社活动。作为政治参与的重要方式，结社活动主要包括参加政党和政治社团、以团体或组织的方式去解决社会或政治问题等形式。当前，在我国参加政党和政治社团是一种主要的政治参与方式。青年先后入团、入党，这本身就是一种政治参与的方式。

政治表达。政治表达是公民行使政治表达和诉愿权利的行为。公民可以通过政治集会、政治请愿、政治言论等途径表达自己的政治观点和态度，形成一种集体效应，使政府了解某些利益要求和支持意向，从而可以影响政府决策和行为。需要强调的是，在我们人民当家做主的社会主义国家，青年是不应该采取不合法的手段表达自己的政治诉求的。

此外，暴力是用各种极端方式，引起社会关注，从而影响政府决策的行为。学者认为，只有那些为达到某种政治目的、实现某种政治意图的暴力活动才被视为政治参与，并非所有的暴力活动都是政治参与的形式①。尤其是为实现某种不可告人的政治意图而使用暴力手段是一种犯罪行为，因而是不能容许的。

（2）文化参与。从严格意义上说，文化参与有广义和狭义之分。从广义上讲，"文化参与"是指人通过学习社会中的知识、信仰、伦理、道德、法律、风俗以及其他的生活能力，从自然人转变为一个社会人。文化参与是青年社会化过程的一个极其重要的方面。从狭义上讲，"文化参与"主要是指人们作为社会历史文化的继承者和创造者，在继承和吸收优秀文化遗产的同时，关注当代文化发展的状况和最新成果，积极参加多种文化、艺术、体育活动。本研究主要从狭义层面使用文化参与概念。

文化参与的具体内容和方式极其多样，难以一一列举。究其大类，主要包括：分享文化成果、参与文化活动、进行文化创造等。

值得特别关注的是，"当代青年所创造的青年文化正在由边缘到中心，由日常生活领域深入到价值和文化核心，由群体亚文化到社会主流文化的发展过程。

---

① 刘笑言.女性群体内部政治参与的非制度障碍分析［J］.河南社会科学，2010（2）：116－119.

在数字生活、休闲文化、企业文化和社会观念等方面，青年文化正融入主流文化或者正在成为主流文化的重要组成部分"①。

（3）经济参与。所谓经济参与，是指人们通过一定的方式、途径，关注、了解、评价社会经济现象和经济形势，根据自身的实际情况，直接或间接践行经济活动的行为。青年经济参与是其努力改变经济基础薄弱状况的一种积极行为，旨在获得平等的经济权利和独立的经济地位，共享经济资源和社会发展成果。

经济参与包括参与态度（认知、情感、评价）和经济参与行为等方面②。青年经济参与的行为有宏观参与和微观参与两类。宏观参与如了解、认知、评价国家经济形势。微观参与主要包括通过勤工助学等途径，获得报酬，积累工作经验；对自身进行教育投资；尝试信贷消费、经济投资；根据自身实际，尝试创业等。

（4）社会活动参与。社会活动包括全部社会互动，是一种满足社会期待的角色扮演过程。从社会学的意义上看，当个人的活动涉及他人的活动时，才能称为社会活动。

从严格意义上讲，社会活动参与包含于政治参与、经济参与和文化参与等方面。在现实生活中，青年社会活动参与相对独立。特别是近年来，青年积极参与社会公共事务，参与社团活动，这就使青年的社会活动参与体现出了一种相对的独立性。

从现实状况看，青年社会活动参与主要包括志愿者服务活动、校园社团活动、社区活动等通过正式途径参与的内容。此外，还包括非正式途径的社会活动参与，如青年自组织活动等。

二、研究方法及其说明

（一）问卷法

（1）问卷说明。问卷法是研究所采用的主要方法。问卷设计由课题组及中

---

① 石国亮，邓希泉. 当前我国青年参与机制研究 ［J］. 广东青年干部学院学报，2007，6（4）：3-4.
② 共青团上海市委员会2008工作汇编.

国青少年研究中心共同合作完成，在结合前期调研及政策资料汇集的基础上，采用非结构化准封闭式模式设计，问题包括个人基本资料在内的 40 道问题组成。

（2）问卷调查实施。考虑到研究的信度及效度，研究共设计并实施测量两套次问卷调查，即在 2012 年 9 月实施的一次调查以及在 2012 年 12 月实施的二次调查。对比前后两次问卷及调查，总体结果显示出较高的一致性，进一步表明研究具有较高信度。结合考虑研究的其他不可控因素，调查中的实验误差应在 5% 以内。研究分析将以第二次的调查结果为依据，并参考第一次调查结果。

（3）样本说明。调查采取分层抽样方式，调查样本区域为新型农村社区，调查对象为当地农村青年。在河南省各个地市选取 2～3 个样本区，共计 26 个新型农村社区，计划发放问卷 3000 份，实际收回有效问卷 2800 份。参照河南省现有农村青年的人口规模①，如果采用 95% 的置信水平，问卷调查的抽样误差应控制在 2% 以内。

（4）调查参数及假设检验分析的说明。在对相关主要数据分析时，显著性水平默认设定为 $\alpha = 0.05$；考虑到研究的宏观性和整体性，研究将不再引入方差分析等表现区域性差异的统计手段（此方面的研究将在随后的时间予以细化和专题化）。

（二）现场访谈法

现场访谈是研究的补充方法，主要用于验证调查和案例化调查。

访谈员均为课题组成员，有丰富的社会考察经验和访谈技能；访谈区域及人员和问卷调查区域及人员一致；访谈内容同问卷问题一致，但语言多采用半结构化方式呈现；采取重点访谈和座谈会相结合的方式。

（三）史料文献分析法

鉴于研究课题所具有的历史传承性以及研究中概念的政策法规性，将充分借助以往研究成果和政府相关政策文件，提升研究的现实意义和实践意义。

---

① 河南省统计局. 河南省 2010 年人口普查资料［M］. 北京：中国统计出版社，2012.

三、调查结果与相关性分析

（一）基本资料及其相关性分析

结论：农村社区青年以婚龄青年为主体；文化程度同以往相比有显著提高；家庭收入水平同以往相比有较大提高，经济来源或行业身份渠道呈多样化趋势；行业选择与家庭收入密切相关，传统粮食种植业所带来的收入比重开始下降，在创收渠道上外出打工已非主流选择。

（1）本次调查男女性别占比分别为54%和46%。相关交叉分析表明：性别的不同对婚姻、行业的选择以及经济收入水平均有一定影响。在婚姻倾向上，女性比男性更具有婚姻归属性；在经济收入水平上，男性普遍高于女性；在从事行业上，女性更倾向于选择较为稳定的就近务工等行业领域。

（2）年龄分布（见图5-2）：呈负偏态分布，具体参数指标如下：平均年龄：28.87岁；年龄分布众数：30岁。

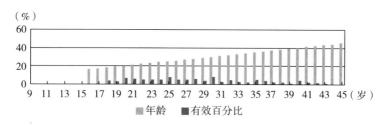

图5-2　农村社区青年人口年龄分布

显示出调查对象以青壮年为主体，同婚姻状况中以已婚青年为主体的调查结果相一致，基本反映出当代农村社区青年人口的分布特征：以青壮年且已婚人群为主体。

（3）政治面貌：党员：24.1%；团员：32.8%；群众：29.5%；其他：13.6%。调查对象以党团员为主体。

农村中不同的群体都在做些什么、想些什么？关于这些方面，在与政治面貌相关的项目分析中有所显示。首先，在选择创收方式上，一般团员和青年多选择粮食种植和外出务工方面；而党员多选择就近务工和经营生意方面。这可能和党员与群众在资源掌握、能力表现等方面的差异有关。其次，在了解新型农村社区建设的相关政策和信息以及参与村委会建设方面，党员并不占明显优势。相反，包括青年团员在内的一般群众对新型农村社区的相关信息了解程度以及对待村委会的干部选举的热情并不亚于党员干部，反映出阶层间强烈的互动性和广大农村基层青年对新型农村社区建设强烈的参与意识（见图5-3）。

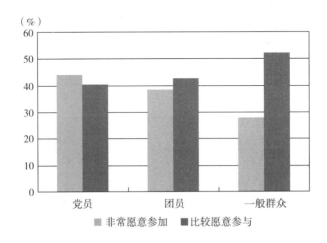

图5-3　社区人口政治面貌与参与意识关系

（4）文化程度：高中：49.6%；专科：25.9%；本科：20.5%；研究生：2.2%；其他：1.8%。

调查对象以高中文化水平为主体，反映出当代新型农村社区青年的整体文化素养较以前及其他农村地区有较大提高①。当然，相对于新型农村社区建设的需要，高素质青年人材依然匮乏。

文化程度与所选择行业存在一定关联。在与收入方式的交叉分析中发现，从事简单粮食作物生产的大多为初中文化水平；从事特色养殖和经济作物种植业的人群多为高中以上文化水平；而以就近务工者多为大专以上青年。

（5）婚姻状况：已婚、有孩子：37.2%；已婚、没有孩子：13.3%；已订婚：7.7%；单身：25.3%；其他：16.5%。

结果显示，调查对象以已婚青年为主体（已婚青年达50.5%）。

---

① 参见2010年国家第六次人口普查数据。

在对婚姻和新型农村社区态度的交叉分析中显示：是否已婚也成为对新型农村社区建设期待程度的分水岭。一般而言，已婚或准备结婚的青年要比未婚青年更加期待新型农村社区的建设，这显然和婚姻对高水准的房屋财产要求有关。在新乡县某社区调研时，村委主任介绍说，他们这里的男青年能否娶上媳妇，主要看在社区是否有房（见图 5 - 4）。

图 5 - 4　新乡县某农村社区外景

资料来源：课题组拍摄。

然而，已婚青年是否就此稳定下来，安心投入新型农村社区建设？调查显示结果（F 方差检验）并不明显，甚至在有些地区却呈相反趋势，即已婚青年更愿意再次外出打工。

当然，已婚青年和未婚青年相比，在选择创收方式及收入水平上仍然有明显差异：已婚青年更倾向选择就近务工，因此可以看出，在地理环境上围绕新型农村社区，大力发展产业集聚区对于安顿农村青年的生活具有重要意义。

（6）收入状况：1000 元以下：16.9%；1001 ~ 2000 元：46.4%；2001 ~ 3000 元：28.9%；3001 ~ 4000 元：3.8%；4000 元以上：2.1%；其他：1.9%。平均月收入：1871 元。

交叉分析表明，收入状况与从事行业存在明显相关。从目前农村主要产业效益看，高收入行业主要集中在特色养殖、经济作物和生意经营上；一般性的粮食种植创收最低；就近务工所带来的收入处于中等水平；而外出务工所带来的收入则表现出较大的离散性或不确定性（以收入水平为组别，组间 F 方差检验未见显著性差异）。

（二）农村社区青年工作状况的调查与分析

结论：农村青年劳动方式、行业角色发生广泛深刻变化，种植养殖业（含传统粮食种植）、工业加工业、商业经营业成为现代农村主要产业构成；农村青年更加倾向自主创业。

社会主义市场因素及工业化进程已经渗入农业生产的方方面面。农民的社会角色呈多元化发展趋势。农民既是雇主，又是雇佣劳动者；既要从事农田耕种这样的简单的体力劳动也要从事科学养殖、市场运作和工业生产这样高难度的脑力劳动。新型农村社区建设顺应了这种形式，进一步提高了劳动集约化程度，提高了农业劳动力的劳动效率。

从行业角度看，目前的农民生产角色的界定已走出传统的行业划分模式，从过去单一的只与土地打交道变化为种植养殖、工业加工业、商业经营业三足鼎立的模式。调查显示，农村家庭收入来源主要分布在粮食种植（占25%）、就近务工（36%）、商业流通（占22%）这三大领域（见图5－5）。以往的外出打工已退居次要地位，而近来出现新型特色养殖、经济作物种植业虽然是农村经济发展的重要趋势，但因地域或资源、技术等原因尚不能成为河南省农村家庭创收的普遍方式。舞钢市尹集镇张庄社区，地处风景秀丽的旅游度假区和商业聚集区，社区在规划初期就将旅游服务业和特色种植业作为社区发展的重点产业。经过近五年的培育，社区成立了农家乐协会，旅游服务业已成为张庄社区的主导产业，入住社区农户收入大幅增加，年收入达1万多元。

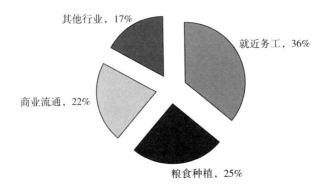

图5－5　目前社区青年人口从事行业分布

在职业发展上，外出务工是河南省农村青年的普遍选择。调查显示有大半的农村青年都有外出务工的经历（占所有调查对象的60%以上），但在是否还想外出务工这一问题上又有近三成的青年不想再出去了，这主要和照顾家人及当地的经济条件改善有密切的关系。在问及外出务工收益上，青年农民对技能的获得、信息的掌握有较强的感触。这种经过外出务工磨炼的青年农民的返乡，也为河南省新型农村社区建设奠定了具有一定素质的人力资源基础。在家庭收入来源上，尽管一些地区，外出务工仍然是家庭收入的主要来源，但大部分农村地区的农村青年选择了以就近务工和粮食种植为主要谋生手段。

在对未来职业的期待上，近60%的农村青年选择了创业这一职业取向，反映出当代农村青年强烈的创业冲动。至于选择什么样的行业进行创业，则呈多样化发展趋势，主要集中在种植业、农产品加工业和商业流通业等行业上。之所以如此，可能和当地经济发展水平、当地农村产业经济结构、当地经济所有制体系以及创业成本较低有关。

（三）农村社区青年对新型农村社区建设的认知度、认同度

结论：了解、认同并强烈支持新型农村社区建设；对改善农民居住条件和生活质量、集约节约用地为工业化和城镇化腾出发展空间、优化产业结构促进土地流转、增加农民收入等方面抱有积极的预期。

对新型农村社区建设的政策有良好的认知。关于新型农村社区建设的意义，时任河南省省委书记卢展工曾多次阐述，2011年11月8日至12日，卢展工在商丘、周口调研座谈时强调：我们坚持以新型城镇化为引领，把新型城镇化摆在更加突出的位置，从新型农村社区建设切入，核心就是为了破解城乡二元结构，解决"三化"不协调的问题。新型城镇化不同于以往的城镇化，新就新在把农村农民涵盖进来，是城乡统筹发展、城乡一体化发展的城镇化，更加注重新型农村社区和小城镇、县城、中心城市的统筹推进、协调发展，这就是我们大力推进新型城镇化的意义所在[1]。

在对包括中原经济区建设在内的有关新型农村社区建设的了解和认识上，绝大多数农村青年能够有所认识和了解（占总人数的94%），同时在遇到别人不了解的时候，能主动地介绍或将自己知道的向他们讲解。由此既反映出河南省在有

---

[1] 参见时任河南省委书记卢展工同志关于新型农村社区建设观点、论述和阐述（摘录）。

关新型农村社区建设工作上空前的宣传力度，也反映出青年群体对新生事物惊人的反应速度。当然，这种认识更多地停留在建房、修路等生活环境和条件的改变上，而对其深刻的社会发展背景和意义仍然缺乏深度了解。虽然，对于来自基层的农村青年来讲，对这些知识与信息有基本的了解已足够解决目前的建设问题，但对于自觉、长期而有效地推动新型农村社区的建设与发展是远远不够的。

在对待新型农村社区建设这一现象的态度上，也表现出较高的支持度和认同感。绝大多数农村青年对新型农村社区建设表现出积极的态度，十分支持的人数占比为48%，基本支持的人数占比为42%，合计占整个调查对象的90%，并为自己成为新社区的一员而感到自豪。与此同时，尽管仍有相当部分社区青年不知道该如何去做，但仍愿意将自己的事业发展和个人的成长与社区建设结合起来。

在对新型农村社区建设的预期评价方面，主要集中在改善农民居住条件和生活质量、集约节约用地为工业化和城镇化腾出发展空间、优化产业结构、促进土地流转、增加农民收入等方面的期待上。

28岁的张云鹏八年前去上海打工，已有不菲的积淀，几次回乡后逐渐开始感受到家乡惊人的变化，于2013年携在上海一起打拼的女友回到自己的家乡——舞钢县张庄社区，现在社区开办了一所中草药贸易公司。当问及为什么选择放弃在上海的工作而回乡时，张云鹏见过大世面的女友抢先做了回答：就是看好社区的发展——无论在居住方面还是在生意上都是如此。舞钢县尹集中心社区，地处三县地交界，是重要的商贸重镇。该镇通过利用土地增减挂钩节余的土地指标建设了五万平方米的商贸一条街，大力发展市场贸易；另外积极发展现代农业，依托镇区内的鸿康中药饮片厂，采取"公司＋基地＋农户"的模式，通过土地流转大力发展中药材种植，农民除土地流转受益外，还可在企业和种植基地务工，从而增加工资性收入。

（四）新型农村社区建设中青年的现状（文化生活、交通、邻里关系、基础建设、信息、文化等）

结论：青年的物质生活和精神生活状况发生很大的变化；由团组织主导的社区文化生活丰富多彩；邻里间依然和谐、和气、和睦。

自2011年河南省全面实施新型农村社区建设以来，随着医疗卫生、社区警务、劳动保障、社会救助、文化体育等基本公共服务机构和超市、快餐店、幼儿园等服务设施的建成和使用，阻碍城乡融通结合的二元结构正在松动，城镇生产要素和产业链条也开始向农村延伸、基础设施和公共服务向农村覆盖，而农村青年的物质文化生活也随之发生了悄然的变化。

新乡县古固寨镇（6个）社区2006年开始规划建设，是河南省较早建成的农村社区之一，社区建设坚持与城区建设相结合、坚持与产业发展相结合，城镇逐步向农村延伸，农村逐步向城镇靠拢，进而形成城乡一体化格局。目前，在社区周边星罗棋布着近30家企业组成的产业集聚区，安排农村居民近6000人口就地就业，而这其中青年占据大半比例。白天，因大部分青年在厂区工作，使社区院里静悄悄，夜晚，社区又变成了灯火闪烁、人声鼎沸的场所，在此，青年人卸去了一天的劳累，尽情地挥洒青春的魅力。由于长期的文化积累和当地青年特有的文艺灵感，造就了不少艺术青年。前不久网络非常流行的歌手"冷漠"就出自古固寨社区的文化土壤。

当然，社区的文化建设和广大青年日益提高的需求相比仍有很大差距。调查显示，关于新型农村社区中文化设施建设与文化活动开展情况，按照2011年出台的国家有关社区建设的设施配置标准仍有差距，不能充分满足社区发展的需要。本次调查显示：有40%的社区建有文化广场、健身活动场地；有26%的社区有图书馆、社区文化站等学习场所，并对村民开放；有23%的社区幼儿园、中小学等教育设施比较齐全，孩子上学方便。由社区居民自行组织开展的文化体育活动或社区统一组织的文化活动在青年眼里并不多见。

同样，在社区道路、医院、学校等生活设施建设上，有33%的青年认为进展正常，按照规划和预定时间有序开展，从总体上反映出各级政府在推进新型农村社区基础设施建设上呈现出较好的态势，并由此赢得青年农民的基本肯定。

在社区政务信息交流传递方面，呈现出传统与现代相结合、多渠道多样化状态，其中主要包括公告栏（板报）、广播、开会、村干部上门告知、村民间相互了解等方式。而在城市中已经成为习惯的互联网运用在农村依然表现得很陌生。

虽然新型农村社区的建设涉及异地迁址，居住聚集化，居民间空间关系也发生了微妙的变化，但并没有影响传统意义上的乡里乡亲情感联结。新型农村社区内的邻里间依然充满着和谐、和气、和睦的气氛。这在本次调查中，再次显示：有近90%的青年认为邻里团结、互帮互助、关系和谐或邻里和气、关系一般。

（五）新型农村社区建设成效的评价及未来发展趋势

结论：多半青年积极评价河南省新型农村社区建设成效，但对社区建设资金的投入不足、现有农村居民的整体素质的低水平、农村人力资源特别是高智力劳动者的短缺、社区建设中的土地流转、干群关系的建立充满忧虑；对像城市一样美丽的农村社区充满着期待，对一个眼界开阔、有文化懂技术、诚实守信的新型农民充满了期待。

调查显示，实行社区化管理，对推进乡村文明，改善村容村貌方面有明显促进。同时因为统一居住也使居住条件有了改善，住的比较干净舒适；道路宽敞整洁，交通更方便；因社区超市的进入，购物更加便利。

舞钢市张庄社区地处17平方千米的龙凤湖旅游区内，占地规划510亩，可容纳1100户、4000余人。一期工程200余户已建成入住。社区内配套的道路、绿化、景观、供水、排污、供电、通信、戏台、广场、游园、公厕、垃圾中转、自来水厂、污水处理等公共设施及服务已建成并投入使用，一个依山傍水、风景秀丽，集生活居住、休闲娱乐、观光度假为一体的旅游服务型社区初建成型。2010年以来先后被河南省政府有关部门评为省级特色景观名镇、省级生态村等荣誉称号。

当然，新型农村社区建设也面临着多重问题，从调查结果看主要面临着政府财政扶持不够（有23%的受访者认为）。自2011年河南省第九次党代会以来，虽然全省规划的2000多个新型农村社区建设全面铺开，但目前建设及发展的情况仍不平衡，其中主要的阻碍就在于经费不足。河南省农村新型社区的建设采用的是政府主导、群众自建和社会共助的方式，建设资金构成为：政府财政专项投入（含各类整合资金）＋个人集资＋村级土地出让及增减挂钩资金＋商铺出让，如若除去政府、村级组织各类投入和一些奖励补偿政策，再考虑到物价的变更，目前河南省各地农村个人集资建房（标准社区院落式套房）户均仍需8万～10万元。这对于仍处于经济水平偏低、地处偏远的农村依然是一个沉重的负担。

此外，村民的整体人文素质与新型农村社区建设要求仍存在较大差距（占调查对象16%的人认为目前农民素质不高），这对于新型农村社区的可持续深入发展是一个必须突破的瓶颈。

贾莉是新乡县古固寨镇于台村社区一个普通女青年，现在家帮助父亲打理一些生意，家境富裕。眼看着同龄人一个个都做出了成绩，创出一份天地，心里也痒痒的，跃跃欲试，无奈不知从何做起，怎么来做？非常想找个能人帮帮她，或找个机会外出学习学习、见见世面。她说她不缺钱，缺的是智慧。

另外，一些社区在规划建设上一味跟风，缺乏适合本地经济持续发展的路径

（占受调查者的 15%）。

然而，在一些经济尚不发达农村，青壮年劳动力缺乏依然严重（占受调查者的 14%）。

与此同时，新型农村社区建设也给社区青年的生活带来了一些不适应。其中主要担心村干部工作简单粗暴、缺乏与村民的沟通；当原有的土地流转后，对今后生活有顾虑（占调查人数的 30%），有些人宁愿将自己的土地交给亲戚打理也不愿流转出去；由于远离土地，给农业生产、农机农具摆放、农作物储藏等带来不便（占调查人数的 26%）；由于统一居住改变了传统的居住模式，给生活带来了不适应（占调查人数的 23%）。

在新型农村社区建设农民自身的素质塑造上，多集中在对眼界开阔、有文化懂技术、诚实守信等特征上，反映出新一代农民新的精神风貌和整体素养发展方向。在社区未来优先发展取向上，社区青年农民呈现出多元化期待趋势。除把社区建设资金的投入放在重中之重外（22% 的受访者认为是优先考虑的），对生产技术的把握、信息传递系统及道路交通系统的建设给予了次一级的同等程度的关注。

（六）新型农村社区建设中青年参与情况的分析

结论：建设初期集中在宣传发动、房屋承建、民主参政方面参与上；建设中后期主要集中在文化建设、行业（角色）转型、高效农业等方面的参与上；参与的渠道和主体来源不断拓展与完善；参与的深度与广度有待提高。

1. 新型农村社区建设初期的青年参与：宣传发动、房屋承建、民主参政

新型农村社区建设是一项具有社会性变革意义的庞大工程[1]，其长期而复杂的硬件建设和软件建设必然要求包括广大青年在内的农村居民的广泛参与。从这个意义上讲，参与是自身价值的体现、也是自身权益的诉求、更是胸怀使命感的体现。

（1）在社区建设的初期，新型农村社区政策的宣传工作成为青年参与的重中之重（占 24%），在当地团组织的带领下青年成为一支活跃的宣传队[2]。一是通过利用团组织的宣传渠道（团报、青年手机报、青字号网站论坛等）、举办图

---

① 刘道兴. 建设新型农村社区符合经济社会发展规律［C］. 新型农村社区建设中的青年参与与团建工作座谈会文件汇编，2012.

② 张刚. 汇聚青春力量助推新型社区建设［Z］. 共青团焦作市委工作汇报，2012.

片展等多种形式，广泛宣传新型农村社区的基本知识和相关政策，进一步激发广大群众参与建设的积极性；二是发动团员青年，协助村委的党员干部，深入农户、农村集会、农民专业合作社，耐心细致地做好农民群众的思想工作，提高他们对新型农村社区建设意义的认识，增强他们参与运作的自觉性；三是通过团组织举办专题报告会，帮助群众算清算好财产保值增值、收入增加受益以及生活水平提高这本涉及群众切身和具体利益的"小账"，让群众充分了解建设新型农村社区的好处，提高群众参与和支持社区建设的积极性。

（2）参与新型农村社区的基础设施建设是农村青年的重要权益诉求。在新型农村社区基础设施建设中，需要大量物资的保障和技术型人力资源的投入，加之一些地区考虑到农民的实际收入水平较低而出台鼓励农户允许自建房屋的政策，这给具有一定经济实力和建设建筑技能的青年提供了很好的发展契机。一些青年（占走访调查青年20%）或通过个人打工、集体承包或组建建筑公司的形式，参与到新型农村社区建设的建材运输、工程建造上来。这种亲身的建设参与，不仅让青年农村真切地感受到自己家乡在手下的巨大变化，而且给青年带来了丰硕的经济回报。当然，由于权力的集中或资源的有限性，能参与到这种设施建设的青年并非多数，甚至其中或存在不公正灰色较易，由此多少给社区建设中的青年参与带来一些不利的阴影。

（3）社区民主选举中青年参与呈现新的气象。农村青年的民主选举一直是农村基层组织建设关注的焦点，虽然新型农村社区的民主建设承接了传统农村基层民主建设和组织建设的规律，如仍有相当青年对村委会选举表现出一定的消极态度，没有参加或不感兴趣占23%；大多数青年并未将村民代表大会置于实现"民主管理、民主监督、民主决策"的高度，他们将参加村民代表大会作为一种被动的义务；对村务公开的信任程度依然不够高（"不信任"的选项占40%）；在参与团组织的活动热情上，也依然偏低。但在新的社区环境特别是新的文明背景下，青年参与也开始呈现出新的气象。首先在参与社区民主选举意愿调查上，呈现出倒逼机制，即一般青年群众要比党团员干部更愿意参与村委会选举，反映出广大青年强烈的政治参与意识。其次在社区领导班子建设中，呈现更加年轻化趋势。调查显示"有青年，并且大部分是青年人"的班子结构配备占54%；"有一两个青年"的班子配备占34%。由此反映出在社区组织建设上，青年人地位有所提高，进一步为青年的社区参与创造了有利的组织条件，同时也带来了良好的榜样示范效应。

2. 新型农村社区建设的后期参与：文化建设、角色转型、高效农业

（1）文化建设是新型农村建设的内在核心价值的体现，是提升农民文化素养进而最终实现乡村城镇化的同时实现农民人的城镇化的关键。因此，文化建设的成效是衡量社区建设成败的重要指标。虽然在问卷调查中显示，河南省农村社区在文化建设中依然存在薄弱环节，在走访调查中，已经开始显现出生机，以各级团组织为主导的文化活动阵地建设开始成型。新乡县古固寨祥和社区团组织创新社区活动载体，开辟"青年文化长廊""青年文化读书角"等项目和阵地。发挥团员青年的文化专长，广泛组织文体娱乐活动。利用节假日，在社区开展多样化文体活动和汇演，吸引社区居民参与。

（2）由于工业化进程向农村的延伸以及农村城镇化进程向城市的靠拢，导致传统意义上"面朝黄土背朝天"的农民形象已被颠覆，正像本章一开始所指出的那样，现代的青年农民的行业角色与身份已呈多样化态势，而青年就近务工转化产业工人已成为这种转变的有力佐证（在一些产业带动型社区，青年就近务工人员比例达76%）。这种转变在一定意义上又促进了社区自身向更高层次发展，成为"反哺"新型农村社区建设与发展的有效动力。

（3）高效农业是以市场为导向，运用现代科学技术，充分合理利用资源环境，实现各种生产要素的最优组合，最终实现经济、社会、生态综合效益最佳的农业生产经营模式。以集中居住为特征的社区的出现，为农村土地的集约化重整和人力资源的优化组合提供了契机，进而也为高效农业的发展提供了可能。

贾开运，濮阳市台前县打鱼镇东仝村社区支书助理、台前县民乐丰乳鸽养殖专业合作社理事长。2008年，作为大学生村官来到东仝社区，在协助村支书完成村委工作任务的同时，开始谋划创办丰乳鸽养殖事业。经过自己先行先试、咨询帮扶、联合组建等发展过程后，以"公司＋农户"的方式，成立了自己的养殖公司，以所开发出来的种蛋、活乳鸽、保鲜乳鸽等十余个品种，行销上海、南京、哈尔滨、北京等城市，成为当地有名的致富带头人。

3. 新型农村社区青年参与的形式多种多样，其中包括了不同的参与渠道、不同的参与体制属性和不同的参与主体来源

在参与渠道上，存在以政府动员引导为主的组织化参与和以市场为调节机制的个人自主选择式两种形式，而其中以组织动员引导（以村委会、团组织、农村专业合作组织为代表）为青年参与的主要渠道；在参与的责任性上，存在以自身工作职责所在的体制内参与和个人的非职责所限的体制外参与①，其中以体制内参与为主格局；在参与主体的来源上，呈现出以农村社区内部的青年为主体的（自力更生式）青年参与和以来自社会外部力量为辅助的青年参与并行的格局。其中外援式参与主要包括外部智力和资金的引进与合作（如前期社区的规划设计和项目投入）、由社会机构和团组织筹划的社会志愿者参与以及"三支一扶"（支教、支农、支医和扶贫）大学生下乡活动。

牛小沛，新乡县古固寨镇三王庄社区的外来媳妇，于2010年作为大学生村官身份嫁到本地，目前是当地有名的个体鸡鸭养殖大户，是一个有思想有抱负的女强人。刚见到她就听说已经考上县政府的公务员，原本就是外来青年的她完全可以再次离开农村。但出人意料的是，她决定离乡不离土，想以技术入股的方式继续从事她所迷恋的养殖业，参与她第二故乡的建设。像牛小沛这样先以大学生村官名义参与新型农村社区建设，后又下嫁农村、扎根农村、"反哺"农村的事例不在少数。

4. 新型农村社区建设中的青年参与无论在深度还是在广度上仍有待提高

新型农村社区的青年参与仍面临诸多问题，如在问及为什么没有参与社区发展与建设这一问题上，除主要原因为外出打工（占30%）外，报酬少、不感兴趣、不知道如何参与、不理解、没有人组织等原因依然较为普遍（它们所占总比例为68%）。

在社区自我管理上，从调查的情况看，社区青年虽然普遍报以积极的态度，但参与实施过程中仍缺乏具体方法。

闲暇时间的利用也反映出社区青年参与多半在围绕着自身的娱乐而展开，主要包括看电视、上网等活动。基本属于自娱自乐型状态，缺乏对外在社区环境及公益事业的关注。

（七）新型农村社区建设中的团组织作用

结论：总体来看，和一般意义的农村基层相比，新型农村社区团组织在基层的存在与作用均显著而有效，特别是在协助村委做好各项工作上，起到应有的"助手"作用；但在如何引导青年参与社区建设与发展上、在组织作用发挥和活

---

① 王星. 利益分化与居民参与——转型期中国城市基层社会管理的困境及其理论转向［J］. 社会学研究，2012（2）：20－34.

动方式上仍有巨大发展潜力。

新型农村社区团建工作是农村基层团建工作的重要组成部分，在一定意义上是整个农村团建工作的标竿或风向标。以往的研究表明①，在广大农村地区，基层团组织依然是全团最薄弱的领域。具体表现为，一是农村基层团组织软弱瘫痪的状况并没有得到根本扭转，农村基层团组织不会干、没事干的现象仍然普遍存在。二是工作的普遍性、针对性、实效性还不够，点上的经验还没有很好地转化为面上的普及成果，组织覆盖面和工作影响面都还需要进一步扩大。三是一些团干部面对农村基层团组织面临的难题和矛盾不敢碰、不愿碰，甚至流露出放弃农村基层组织和工作的倾向。

相比上述一般意义的农村地区，新型农村社区的团建工作呈现出较为良好的局面。首先，虽然仍有近1/3的团组织缺乏活动，但大部分青年（80%）对团组织的存在给予积极的肯定；在对团组织对青年的影响力、吸引力的评价上，也有较高的认可度。其次，农村团支书进村"两委"班子及农村团员数量均有所增加，在协助村委会和村支书工作上显示出应有的"助手"作用。当然，农村团组织依然面临很多挑战，如针对青年问题的解决的实效性还不足，在促进新农村建设的作用上依旧较弱等。

另外，在围绕着对团组织的期待上，社区青年主要的诉求集中在团组织要提供致富信息、组织开展文化、技能培训、组织文化站建设与活动、帮助留守儿童等方面。这其中既有传统的工作任务，也有新形势下新的要求。

四、政策性建议

（1）通过各种渠道和形式，加大农村青年参与新型农村社区建设的参与意识的挖掘与培养。

参与社会与经济建设是现代公民意识的重要体现，由于传统的思想及文化的积淀，比如家庭意识、乡土观念、重礼俗而不重法制、对权力既崇拜又疏远的心理状态、官本位思想、无争无为思想和盲目从众等，仍然深深影响着当代农民的行为方式，抑制了农村青年主体意识的形成，从而导致不同程度的现代公民意识

---

① 郭鹏. 农村基层团组织建设现状与对策［J］. 中国青年研究，2007（12）：41-43.

缺失①。新型农村建设至今，仍有相当多的农村青年尚不知"青年参与"为何物，更不用说如何参与了，他们更多的是以"旁观者"的身份来看待新型农村社区建设。现代公民意识其核心是国家责任意识、个人主体意识，在参与型政治文化中，人们知道自己是国家的"公民"，对社会特别是对发生在自己身边的事情非常关心，公民有较高的政治能力。当然，青年的公民意识和参与意识的形成过程并不是天然的，而是和社会现实的变化有关，和青年对这种需要的逐渐认识有关②。在这一环节中，共青团组织和青年工作承担着极其重大的责任。一方面，通过大量具体而有效的辅导、扶助和培养，使青年对社会现实有比较准确的认识；另一方面，也是最重要的，帮助青年清楚地认识到自己的潜力和可能有的巨大创造性，这是青年参与活动的起点。另外，还要针对不同的青年群体，采取分类指导的原则：一般来说，文化程度较高的青年能够从超越自己的地位的角度来理解自己的使命，理解自己的创造潜力，现实的社会结构也为他们提供相对较多的参与机会。其他青年则囿于意识水平和现实地位，较少明确的参与意识，需要耐心而仔细的工作，鼓励他们发现、发挥自身的创造潜力。当然，这种工作绝对不是简单的说教或政治动员，而是帮助他们克服面临的困难，创造良好的社会氛围以促使他们强大起来。

（2）通过环境创设、政策引导等方式，构建青年参与的有效机制，吸引青年包括外出务工青年对社区建设的参与。

早期的青年（实业性）参与，更多的是受制于市场价值机制的现象，或仅仅涉及某些青年前卫的创业意识与能力，这是远远不够的。需要从环境创设、政策引导以及参与技能的培养等方面入手，建立健全青年参与的有效机制。为此，应不断加强农村基层组织及社区组织的法制化民主化建设，建立健全农村社区议事制度和村民大会制度，共青团组应成为广大青年的代言人和权益保护者，竭力维护青年应有的合法权益，建立专门的青年参与辅导部门，不断完善青年参与的辅导机制；在政策制定上，以往的政策更多的是倾向关注参与的外部团体的力量，而忽视新型农村社区内在的每一个个体的力量，由此需要从参与的目标导向、人员的资质要求、门槛准入、激励措施等方面全方位建立青年参与的政策导向机制，引导青年积极有序地投身新型农村社区建设。

---

① 杨明. 农村青年政治参与问题探析［D］. 长沙：湖南大学硕士学位论文，2009.
② 陆建华. 青年工作与青年参与初论［J］. 青年探索，1993（2）：9-11.

（3）建立城乡人口双向流动机制，既鼓励农民融入城市，走城镇化发展道路，同时也引导城市居民特别是高素质人才通过灵活的政策机制回归乡土，成为新型农民，为新型农村社区发展注入新鲜血液。

中共中央、国务院于 2013 年 1 月印发了《关于加快发展现代农业进一步增强农村发展活力的若干意见》，文件要求有序推进农业转移人口市民化，把推进人口城镇化特别是农民工在城镇落户作为城镇化的重要任务。这意味着在相当长的一个时期内，大批的农民人口逐渐向城市的迁移流动，这对于推动我国最终实现城乡一体化，消除城乡二元结构具有重要意义。然而，这也导致农村的人才越发向城市聚集，使原先城乡人才分布不合理的格局不仅没有改变，而且愈加严峻，使新型农村社区建设缺乏智力的支撑，即仅靠农村内源性的人才培养与发展模式是难以满足农村经济社会发展对人才的迫切需求。因此，必须选择一种新的农村人才开发模式，即采取城市向农村注入式的人才开发与发展模式。前一个时期，党中央、国务院颁布出台了一系列方针政策，鼓励城市高校毕业生投身新农村建设（"大学生村官"即是这种政策的一种体现），而这种由政府主导、推动的高校大学生下基层到农村的社会实践活动曾一度被民间誉为"新上山下乡运动"①，对于农村经济与社会发展的确起到了良好的推动作用。因此，从顶层设计的层面，制定鼓励城市高素质人口回归农村，参与新型农村社区建设的政策，对于加大社会人力资源投身新型农村建设的力度显得非常必要。

（4）进一步关照农村社区青年的合理诉求，把社区建设参与与满足维护青年的自身应有利益结合起来。

从社会学角度看，任何形式的社会参与的发展动力均源自自身利益的需求，而其中既有来自物质方面的需求，也有来自精神方面的需求。因此，农村青年参与新型农村社区建设，既表现为实现自身价值的精神追求，也反映出渴望对美好富裕生活迫切的现实要求，尊重并保护好青年农民的合法权益，是确保青年参与顺利实施的基本条件。考虑到农村现有的社会体制，广大农村青年在社区建设的参与程度上仍面临诸多不利，如和农村管理阶层相比，他们在社会各方面的参与中仍处于弱势地位②，缺乏参与的主动性和自主性，从而最终导致消极参与甚至逃避参与。为此，应在加大市场调节机制的基础上，不断改进社区各级组织的工

---

① 马芒，贾欣. 城市知识人口新上山下乡运动与新农村建设［J］. 中国发展观察，2011（9）.

② 王星. 利益分化与居民参与——转型期中国城市基层社会管理的困境及其理论转身［J］. 社会学研究，2012（2）：20－34.

作方法，增强政策的透明度，建立并完善公正公平的社区建设参与平台。

（5）通过进一步加强社区团组织的建设、强化社区青年专业合作组织功能等措施，为青年参与社区乃至整个地区建设搭建平台，为青年参与提供有效支持和服务。

调查表明，在现有农村基层组织设置模式上，基层团组织在引导和带领农村青年参与包括社区建设在内的各项社会经济活动中，具有不可替代的作用。为此，一是要把引领青年参与新型农村社区建设作为一项长期工作来抓，要根据不同的社区建设阶段确定不同工作目标，推进新型农村社区建设不断走向深入；二是要加强思想引导，各级团组织要深入新型农村社区开展农村青年思想引导工作，用先进文化引领社区青年，通过表彰社区典型建立导向激励机制；三是要整合工作项目，依托社区团的工作阵地建立社区青年服务中心，在实际工作中注重发挥宣传动员、服务创业就业、组织协调、行业技能培训等职能；四是要巩固阵地建设，各级团组织要做到"眼睛向下，重心下移"，结合河南省开展的乡镇"实体化"团建工作的开展，选好配强社区团组织书记和班子，要把新型农村社区的团组织作为服务新型农村社区建设的桥头堡；五是要充分发挥青年人富有朝气与活力、富有创新意识、富有新知识新科技的特点，选择恰当的参与切入点，力促参与的有效突破；六是要提升工作及服务能力，围绕新型农村社区安全性、便利性、健康性、娱乐性、互助性等特点，找准工作切入点，切实服务青年精神需求、技能需求、经济需求、文娱需求。

五、结束语

新型农村社区建设是在科学发展观统领下树立起来的一个新的发展理念，将开启社会主义现代化建设的新时代。当然，建设新型农村社区，也是一项长期而繁重的历史任务，涉及新形势下农村经济、政治、文化和社会发展的方方面面，是一项经济建设、文化建设、民主建设、和谐社会建设全面推进的综合工程。作为建设中的青年参与，也将面临来自内在机制和外部环境的发展等方面的挑战与考验。作为一个新的起点，同时作为一项对农村基层团建工作具有示范和支撑意义的探索，课题组将继续以科学的精神，关注新型农村社区建设下的青年参与工作，为推动河南省农村基层团的工作做出贡献。

谨此，献给新型农村社区辛勤工作的青年们！

第六章　创新驱动发展战略下的
河南青年参与

【摘要】党的十八大开启国家发展战略的重大转移，在习近平对河南省经济与社会发展的重要指示中，创新驱动也成为河南发展中的重要一张牌。基于这一重大社会变迁，河南省青年在响应党的号召、积极投身于科技创新行动中。在学校、企业、新兴社会组织等领域，青年逐渐成为国家创新驱动发展战略的重要力量，呈现出积极务实、个人追求与国家需求导向相结合的精神风貌。在此基础上，进一步强化教育的基础性作用，努力营造良好的社会创新氛围、发挥创业创新孵化体系的引领作用，郑新洛高新产业创新区的带动作用，对加强和保护青年的创新参与具有积极的作用。

一、序　言

参与是社会互动的基本形式，而青年参与是共青团服务青年发展的重要途径。

有关青年参与的研究，是整个共青团工作研究领域的一个重要方向。一般认为，参与是参与者按照发起者和主导者的要求，扮演相关角色，介入某项工作和活动的过程，具有从属性、非正式性等特点（刘宏森，2018）。从类型上看，青年参与主要包括社会参与、政治参与、经济参与、文化参与等多方面。从目前的研究看，大多研究集中在青年的社会参与、政治参与、网络参与等方面，且多停留在宏观层面和政策环境层面，对经济领域特别是创新领域的青年参与的研究以及参与主体（青年自身）特点和内在机制的研究相对缺乏。

随着国际经济形势及我国经济形势的深刻变化，经济发展的动力逐渐从依赖投资拉动，转向靠结构调整、创新驱动等要素拉动（供给侧改革）方向上来。创新驱动由此开始上升为国家重要发展战略。

　　党的十八大明确提出："科技创新是提高社会生产力和综合国力的战略支撑，必须摆在国家发展全局的核心位置。"强调要坚持走中国特色自主创新道路、实施创新驱动发展战略。创新能力不强、工业基础薄弱是河南省所面临的较明显的"短板"。2014 年习近平总书记先后两次来河南视察，对河南的发展提出了包括实施创新驱动战略在内的打好"四张牌"要求，切中了河南发展的突出矛盾和重大关键问题，为决胜全面建成小康社会、推动河南经济新发展提供了根本遵循。可以说，建构河南经济的创新驱动发展模式时不我待。

　　与此同时，2017 年出台的《中长期青年发展规划（2016～2025 年）》第七部分关于鼓励青年在经济社会发展中充分发挥生力军和突击队作用要求中，强调要围绕国家整体发展战略需要，深化各类建功活动，树立先进典型，激励青年在各行各业积极创新，拓展工作领域和空间，形成发展新动力。进一步明确了经济建设领域青年参与的方向、路径和目标。

　　回望一个时期中国青年运动的路途，当代青年同祖国一起奋进，踊跃投身工业化、信息化、城镇化、市场化潮流。特别是在高新科技工业领域，当代青年发挥了生力军作用，展现出崭新昂扬的精神面貌，掀起了青年参与的新浪潮。

　　事实上，投身技术领域，绽放智慧的光芒，是青年自身生理发育和心理发展的特点所决定的。研究表明，青年是人生历程中的黄金阶段，是重要的创新活跃期和产出高峰期。由此，教育和引导青年奋勇创新、奉献青春智慧是青年自身成长的使然，也是党和国家发展的必要。

　　因此，关注并推动在经济建设领域特别是创新驱动领域中的青年参与，是新时代共青团围绕党政工作中心，推动服务设大局、服务青年发展工作所面临的重大理论问题和实践问题。站在主体本位的角度，深入探究作为参与主体的青年特点及参与机制，不仅弥补以往研究大而化之的不足，还可以促进有针对性的参与政策的制定与完善，对于改进和完善新时代创新领域的青年参与工作具有重要指导意义。

　　本章将从三个层面探求河南青年在创新领域的参与状况。

　　第一层面：史料分析——总结分析国家发展战略的变迁脉络。

　　第二层面：问卷调查——调查分析处在创新平台的参与性青年的一般资料、

行为特征和参与效果等资料，进而勾勒青年参与现状。

第三层面：相关分析——青年参与的价值观分析与行为要素的关联，分析青年参与与共青团和政府政策的相关程度，进而挖掘青年参与的行为机制。

二、创新驱动战略提出的历史背景

2006年全国科技大会以及党的十七大都明确提出科技发展要紧紧围绕经济社会发展这个中心任务，要解决制约经济社会发展的关键问题，尤其是明确提出要建立以企业为主体、以市场为导向、产学研结合的创新体系，让企业成为创新主体。高技术不再是独立发展的产业，而要与传统产业全面结合。

党的十八大正式提出实施创新驱动发展战略，强调指出：科技创新是提高社会生产力和综合国力的战略支撑，必须摆在国家发展全局的核心位置。在创新实施上提出若干原则，包括要坚持走中国特色自主创新道路，以全球视野谋划和推动创新，提高原始创新、集成创新和引进消化吸收再创新能力，更加注重协同创新。要深化科技体制改革，推动科技和经济紧密结合，加快建设国家创新体系，着力构建以企业为主体、市场为导向、产学研相结合的技术创新体系。要完善知识创新体系，强化基础研究、前沿技术研究、社会公益技术研究，提高科学研究水平和成果转化能力，抢占科技发展战略制高点。实施国家科技重大专项，突破重大技术瓶颈。要加快新技术新产品新工艺的研发应用，加强技术集成和商业模式创新。完善科技创新评价标准、激励机制、转化机制。实施知识产权战略，加强知识产权保护。要促进创新资源高效配置和综合集成，把全社会的智慧和力量凝聚到创新发展上来。

河南是一个经济大省，GDP规模在全国这么多年一直保持在第五位，但只是一个经济大省，而不是经济强省，长期以来河南省一直面临人口多、底子薄、基础弱、人均水平低、发展不平衡的发展窘境，其突出矛盾仍是发展不足，主要表现为：发展方式转变滞后，经济结构调整不到位，城乡区域发展不平衡，科技创新能力不强，高层次人才不足，资源环境约束趋紧，制约科学发展的体制机制障碍较多，稳定经济增长、提高发展质量任务依然繁重等。要扭转这一局面，必须实施根本性战略理念转变。

2014年4～5月，习近平总书记先后两次来河南考察，其间提出希望河南围绕加快转变经济发展方式和提高经济整体素质及竞争力，着力打好"四张牌"，即以发展优势产业为主导推进产业结构优化升级，以构建自主创新体系为主导推进创新驱动发展，以强化基础能力建设为主导推进培育发展新优势，以人为核心推进新型城镇化（概括为产业结构优化升级、创新驱动发展、基础能力建设、新型城镇化），着力解决好教育、就业、社会保障、医疗卫生等人民群众的切身利益问题，在拓展更大更广发展空间的同时，努力让人民过上更好的生活。为中原崛起指明了前进的方向。

2016 年 11 月，河南省委第十次党代会在总结回顾河南发展的经验基础上，提出了今后五年工作的总体要求。其中强调要深入贯彻习近平总书记系列重要讲话和调研指导河南工作时的重要讲话精神，深入贯彻党中央治国理政新理念新思想新战略，统筹推进"五位一体"总体布局和协调推进"四个全面"战略布局，着力发挥优势打好"四张牌"，着力深化改革扩大开放，着力推动创新转型发展，着力强化法治维护稳定，着力改善民生补齐短板，着力从严治党规范党内政治生活，全面建成小康社会，让中原在实现中华民族伟大复兴中国梦的进程中更加出彩。为河南未来五年的发展指明了前进的方向。

三、河南省大学毕业生参与创新创业的研究

大学生是参与创新驱动战略的基础力量。其产生与发展有其特殊的规律，主要表现为以创业为基础，以创新参与为延伸，呈现出创新与创业相互交融的态势。

（一）以国家平台为基础的创新创业

近几年，国家出台了一系列优惠政策鼓励高校毕业生积极投身基层就业。目前，中央各有关部门主要组织实施了四个引导高校毕业生到基层就业的专门项目，包括：团中央、教育部等四部门从 2003 年起组织实施的"大学生志愿服务西部计划"；中组部、原人事部、教育部等八部门从 2006 年开始组织实施的"三支一扶"（支教、支农、支医和扶贫）计划；教育部等四部门从 2006 年开始组织实施的"农村义务教育阶段学校教师特设岗位计划"；中组部、教育部等四部门从 2008 年起组织实施的"选聘高校毕业生到村任职工作"。

"大学生志愿服务西部计划"由共青团中央牵头，教育部、财政部、人力资源和社会保障部共同组织实施。从 2003 年开始，通过公开招募、自愿报名、组织选拔、集中派遣的方式，每年招募一定数量的普通高等学校应届毕业生，到西部贫困县的乡镇从事教育、卫生、农技、扶贫以及青年中心建设和管理等方面的志愿服务工作。从 2009 年开始，西部计划服务期由 1~2 年调整为 1~3 年。

"三支一扶"是支教、支医、支农、扶贫的简称。2006 年，中组部、原人事部、教育部等八部门下发《关于组织开展高校毕业生到农村基层从事支教、支农、支医和扶贫工作的通知》，以公开招募、自愿报名、组织选拔、统一派遣的方式，从 2006 年开始连续五年，每年招募两万名高校毕业生，主要安排到乡镇从事支教、支农、支医和扶贫工作。服务期限一般为 2~3 年。招募对象主要为全国普通高校应届毕业生。

2006 年，教育部、财政部、原人事部、中央编办下发《关于实施农村义务教育阶段学校教师特设岗位计划的通知》，联合启动实施"特岗计划"，公开招聘高校毕业生到"两基"攻坚县农村义务教育阶段学校任教。特岗教师聘期 3 年。2006~2008 年"特岗计划"的实施范围以国家西部地区"两基"攻坚县为主（含新疆生产建设兵团的部分团场）。2009 年起，实施范围扩大到中西部地区国家扶贫开发工作重点县。

2008 年，中组部、教育部、财政部、人力资源和社会保障部出台了《关于印发〈关于选聘高校毕业生到村任职工作的意见（试行）〉的通知》，决定在全国范围内开展选聘高校毕业生到村任职工作，计划用五年时间选聘 10 万名高校毕业生到农村担任村委会主任助理、村党支部书记助理或团支部书记、副书记等职务。选聘的高校毕业生在村工作期限一般为 2~3 年。在此之前，已经有不少省市地区开展了"大学生村官"的选聘工作。

2009 年 4 月，人力资源和社会保障部下发《关于公布第一批基层社会管理和公共服务岗位目录的通知》（人社部函〔2009〕135 号），向社会公布第一批基层社会管理和公共服务岗位目录，以指导各地做好鼓励和引导高校毕业生到基层就业的工作。这批发布的岗位目录共分为基层人力资源和社会保障管理、基层农业服务、基层医疗卫生服务、基层文化科技服务、基层法律服务、基层民政（托老托幼）助残服务、基层市政管理、基层公共环境与设施管理维护以及其他共九大类领域，包括在街道（乡镇）、社区（村）等基层单位从事公共就业服务、社会保障、劳动关系协调、劳动监察、农业、扶贫开发、医疗、卫生、保健、防

疫、文化、科技、体育、普法宣传、民事调解、托老、养老、托幼、助残、公共
设施设备管理养护等相关事务管理服务工作的 50 种岗位。

（二）大学生创新创业的价值取向

通过对在校大学生创新创业价值取向调查，就大学生参与科技创新、毕业后
创新去向、创新领域及行业选择等方面看，总体反映出积极而又务实的价值
导向。

1. 在校大学生科技创新的参与率有待提高

当代大学提倡学生科技创新，但部分院校并未看重科技创新活动。据调查显
示，高校学生更多地只满足于在平时的考试中取得好成绩，获得奖学金，而认为
学科竞赛和科技发明是离他们非常遥远的。哪怕是注重科技创新的学校，科技创
新活动的参加率也只有30%左右，而师范类学校的参加率往往只有5%不到。

2. 就业中创新意愿积极务实

从就业区域上看，沿海、东部发达地区明显显示出对参与创新的良好的基本
意愿。大学生较愿意留在家乡所在地附近工作，此类占所调查人数的49.38%，
还有29.38%的学生愿意到东部沿海地区。愿意到西部地区工作的占13.75%，
而愿意留在中部地区的，仅仅占7.49%。如表6 – 1 所示。

表6 – 1　大学生选择基层就业区域占比情况　　　　　单位:%

地区	占比
东部沿海地区	29. 38
中部地区	7. 49
西部地区	13. 75
家乡所在地附近	49. 38

河南是一个农业大省，农村面积占河南省面积的90%。面对严峻的就业形
势，当问及大学生是否愿意到农村地区工作时，45%的大学生不太愿意到农村去
工作，1.88%的学生非常不愿到农村去工作。这两者占调查人数的46.88%，这
表明几乎接近一半的人数不愿到农村去工作。35%的大学生"比较愿意"，有
5.62%的非常愿意。这表明愿意到农村工作的人数占40.62%。没想过毕业后到
哪里去工作的占12.5%，如表6 – 2 所示。

表 6 - 2　大学生前往农村地区工作的意愿调查　　　　　　单位:%

非常愿意	比较愿意	不太愿意	非常不愿意	没想过
5.62	35	45	1.88	12.5

大学生不愿到农村去工作的原因,一项有关工作动机的多项选择调查显示(见表 6 - 3):从大学生自身方面讲,认为在基层工作没有前途的占 46.33%,认为到农村去是大材小用,自身价值难以实现的占 27.59%,因大学所学知识难以在农村地区得到运用的占 26.43%,缺乏经验、不了解农村环境的占 15.87%,对基层工作本来就不感兴趣的占 15.03%,认为到基层工作去没面子的占 8.02%。

表 6 - 3　大学生不愿意去农村的原因调查　　　　　　单位:%

原因	占比
农村经济发展缓慢,基层工作条件差	42.03
去基层工作没面子	8.02
对基层工作本来就不感兴趣	15.03
在基层工作没前途	46.33
大学所学知识难以得到运用	26.43
家人反对,离家较远	16.96
缺乏经验,不了解农村环境	15.87
政策保障不够,再就业难	36.23
大材小用,自身价值难以实现	27.59
其他	3.01

从客观环境方面来看,因农村经济发展缓慢、基层工作条件差而不愿去的占 42.03%。因政策保障不够、再就业难的占 36.23%,家人反对、离家比较远的占 16.96%。其他原因的占 3.01%。

调查显示,有 40.62% 的大学生愿意到农村去,主要意愿有:为了到农村进行锻炼、积累基层工作经验的占 49.07%,因基层工作压力相对较小的占 48.33%,因为就业形势严峻、多找一条就业之路的占 36.86%,大城市竞争激烈、工作难找、不得不到农村去的占 36.78%，认为部分国家政府扶持的地区福利较好而去的占 28.12%，想为自己的家乡做贡献的占 27.85%。另外，还有 19.25% 的是为了响应国家号召而服务社会、13.43% 的是为了以后靠公务员做铺垫、12.56% 是因自己的喜好等。

3. 行业选择中，创业的自主性趋强

在选择行业上，显示出一定强度的自主创业创新意愿（见表6－4）。调查发现，有 31.25% 的打算自主就业，有 30% 的学生想到乡镇政府机关任职，16.25% 的愿到国有企业，希望到外资企业的占 11.25%，而愿到私营企业和村级组织的分别只占 8.75% 和 2.5%。可以看出，虽然党政机关和事业单位是青年最想就业的单位，但是党政机关和事业单位对人员的容纳毕竟相当有限，不过令人欣慰的是，有更大比例的青年对创业有着更高的热情和积极的态度，在这种热情和态度之下，青年创业一定可以为缓解青年就业压力贡献更大的力量。

表6－4　去基层就业的大学生行业选择情况　　　　　　　单位:%

就业选择	占比
自主就业	31.25
村级组织	2.5
乡镇政府机关	30
私营企业	8.75
国有企业	16.25
外资企业	11.25

综上分析，当前大学生在创新领域存在以下特征。

一是对职业缺乏了解。片面强调自身条件，导致择业脱离实际的社会需求。

二是创新呈现趋利导向。大学生对薪金的要求、对就业地域的选择和就业单位的选择上都可以反映出大学生对利的需求更加强烈，忽视了社会利益和国家利益，缺乏为国家长远利益做出牺牲的精神。

三是创新创业目标呈现短期性。把择业目光多集中在东部地区和沿海地区，结果造成了经济发达地区人才过剩，经济落后地区人才缺乏的现象；一些大学生的目光只看大型企业、国有企业，不顾自身发展前景，只看薪金多少，不注重能力发挥，到农村等基层去是为了考公务员等做铺垫等都反映出大学生在择业目标上存在的短期性。在选择职业时追求正当的物质利益本无可厚非，但以此为目标，抛弃理想信念和历史责任，忽视以事业为重的做法是不可取的。

四是创新创业的影响因素呈现出内外交织，要素多元的格局。首先以来自个人的因素为主导，这里主要包括个人能力、专业方向、兴趣爱好等；其次是来自家庭的影响，主要包括家庭的经济状况、家庭的开放包容程度、父母的文化程度等因素，主要表现为正相关关联。

五是受到来自传统的观念束缚。一些毕业生及家长对到河南省内欠发达地区和基层就业发展缺乏正确认识，对岗位的选择视野比较狭窄，自主就业的信心和动力不足，仍存在"一次就业定终身""到行政单位就业"、求稳求高等陈旧观念，缺乏参与竞争、参与市场和扎根基层、灵活就业的意识。

四、在岗青年参与创新驱动战略的研究

（一）河南省创新发展水平的现状

有关权威机构推出的创新指数是衡量地区创新的重要指标。近年来，河南省的创新水平逐年有所提高，但整体位次仍然居于中游偏下，截至 2018 年，仅以河南省会城市为例，其在全国位列第 17 位，是历史最高水平。影响其综合排名的五个因素中，知识创造及知识获取的效用值排名较靠后，分别为第 22 名和第 27 名，企业创新和创新环境的效用值排名处于中等偏上，分别为第 14 名和第 12 名，创新绩效的效用值排名最为靠前，是第 8 名。总体来看，河南省人口多，底子薄，发展方式较为粗放，经济的增长主要依赖于投资，创新能力相对较弱，在全国不占优势，无法很好地带动河南经济的跨越式发展，在建设创新型河南上仍有很长的路要走。

在对河南省科技创新能力进行分析可以发现，河南在创新环境、创新投入、创新绩效等方面应加大改善力度，从而提升其创新能力。在创新环境方面，河南省大力发展众创空间等创业孵化载体，形成大众创业、万众创新局面。同时由于网络普及面的拓宽，信息环境、科技环境和经济环境促进了河南科技创新能力的提升，但政策环境的上升幅度非常缓慢，产生的积极影响较小，科研方面仍有待加强，教育环境改善缺乏力度，人均拥有公共图书量近两年有所下降，高等院校未能发挥其科研优势，科研质量与数量仍有待提升。在创新投入金额方面，政府和企业都有所增加，然而与 GDP 的增长速度相比，政府投入的增幅却呈下降态势，企业的投入金额也时多时少，产生一些制约影响，企业缺乏关键核心技术和自主知识产权。在创新绩效方面，经济绩效和发展绩效都是上升趋势，且与创新能力同向变化，具有促进作用。作为科技创新能力的三个组成要素，创新投入、创新绩效与创新环境相辅相成，互相支撑，共同促进科技创新能力动态螺旋上升。

（二）河南省创新驱动体系与政策的建立

1. 郑洛新国家自主创新示范区的建设

2018 年以来，在中原经济区、郑州航空港实验区等国家级创新工程深化的基础上，先后开启郑洛新国家自主创新示范区建设，标志着河南省创新驱动发展战略进入新的历史阶段。其中，这三个城市之间各自的产业基础、市场环境、资源禀赋是不完全相同的。郑洛新国家自主创新示范区不仅仅是这三个城市的事情，也是整个河南的事情，所以在河南自主创新能力建设方面，郑洛新国家自主创新示范区要发挥示范作用，就是要通过先行先试，通过在自主创新方面的一些有益的探索，为河南省推进自主创新提供示范。作为一个国家级的创新战略平台，将在创新引领、创新辐射上发挥巨大的效应。

2. 河南省开启人才强省战略及一系列国家战略

人才是创新中最活跃，具有决定性作用的因素。从创新实践来看哪个地方人才集聚能力比较强，占有的人才规模比较大，人才素质比较高，人才结构比较合理，哪个地方的创新活力、创新动力就比较强。河南是一个人力资源大省，但不是一个人才资源大省，河南拿下了一系列的国家战略规划和战略平台，要发挥这些战略规划、战略平台的叠加效应必须靠人才。河南省第十次党代会围绕着加快新旧动能转换、推动产业结构战略性调整、加快建设"四个强省"等重要目标确立了"人才强省战略"，河南省委书记王国生强调指出"要把人才强省建设作为一项战略性、基础性工程。"初步营造了河南省"惜才、聚才、用才、兴才"的良好局面，加快构建内陆人才高地步伐。

3. 以高端人才为支撑的制造业持续领跑，初步展示出创新驱动战略新态势

近年来，河南在新材料、新能源、高端装备制造等高新技术领域不断壮大。

为实现企业高质量可持续发展，企业寻求创新型人才谋突破，掀起新一轮人才争夺战，大力引进优质人才。同时，企业作为创新发展的主体，通过科技创新，创造更高质量、更多数量的就业岗位，形成良性互动局面，开创双方共赢、可持续的就业发展之路。

随着产业结构的转型，人才需求成为各级政府的当务之急。自 2014 年以来，河南各地开始加大人才引进力度，城市人才的分类与评估成为政府的重要工作指标。高端人才也呈现出逐年递增的态势（见图 6–1）。

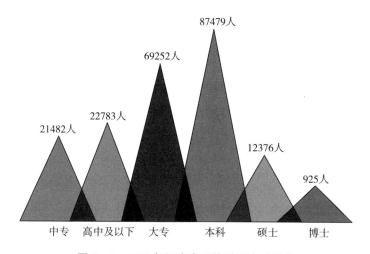

图 6–1　2018 年河南省总体引进人才结构

（三）青年创新参与平台的研究

在岗青年参与创新的平台呈现出政府主导、行业参与、产教结合、多层次多渠道、全覆盖的格局。

以世界技能组织为核心的技能创新竞赛体系是全球顶级的创新参与平台，2010 年 10 月 3 日至 10 日，中国正式加入世界技能组织，为中国青年走向世界开辟了道路。

以人力资源社会保障部为主导的国家级技术创新竞赛与表彰平台在全国全面展开。截至目前，共开展国家级一类、二类竞赛活动近 100 余项，数千万企业职工和院校学生踊跃参加。

以当地政府为参与的地方性科技创新平台呈现迅猛发展之势；以企业、学校为主体的各类技能竞赛和创新创业孵化平台已成为各行各业广大青年融入创新创业空间的首选。

由此，分布在河南省各高校、各企业的广大青年开始系统性地融入国家创新体系，融入各行各业创新的新载体、新平台，融入企业以岗位创新、班组（团队）创新、劳模和工匠人才创新工作室为主要内容的职工技术创新体系，进而为大众创业、万众创新夯实群众基础。

（四）创新参与主体行为特征分析

从人才成长规律看，30～45 岁的青年科技人才处于创新活跃期和产出高峰期。从历史上看，有关诺贝尔奖获得者做出"诺奖成果"时年龄的研究表明，1901～2003 年，物理学、化学、生理学或医学、经济学四个学科共有诺贝尔奖获得者 547 人，诺贝尔物理学、化学、生理学或医学获奖者取得获奖成果的平均年龄分别为 37.73 岁、41.15 岁、42.20 岁，获奖者中 35 岁取得成果最多，其中，取得成果时年龄最小者仅 21 岁。

从河南地区来看，参与创新驱动的青年，主要集中在高校学生与教师、高新企业、传统企业内的科技创新和科研院所等领域。其中在整个创新群体中，青年占据大半比例，成为名副其实的创新主力军。

从创新参与的活跃地域来看，主要集中在郑州、洛阳、开封、许昌等高新产业相对聚集的地区。从活动开展的范围来看，创新参与主要集中在本单位内、区县级和市级的竞赛活动，尤其是本单位内的竞赛，在此方面青年的参与比例高达20% 以上，但随着竞赛级别的提高参与的人员比例逐渐下降。但是，应该注意到的现象是青年在各个级别的创新竞赛中的参与次数都集中在 1～2 次。也就是说，青年中有多次参与创新竞赛经历的人相对较少，参赛次数与参赛数成反比关系，有多次创新竞赛经历的青年随着次数的增加人数在递减。显示出青年创新参与的短期性较强。

如表 6-5 所示，从青年的创新参与动机上看，更多的青年是基于个人兴趣。划分动机的标准有很多，但是普遍来说，人类产生某种行为的原因可以分为利己和利他两大类。利己方面可以分为满足自身的某种需要，如兴趣、利益或者内心的满足；利他方面可以是满足社会或者他人的需要。根据调查，当前河南省青年参与创新的目的在利己和利他两个方面的比例没有大的区别。也就是说，两者在创新活动中并不冲突，显示出河南青年在投身创新领域中，将"小我"融入"大我"，在奋进中部崛起的进程中实现自我的良好价值取向。

表6-5 青年创新参与动机结构（多项选择调查） 单位:%

评估项目	兴趣	工作需要	他人尊重	物质激励	追逐权力	自我实现	外部期待	贡献社会	改变社会
累计百分比	62.3	31.7	30.1	30.2	16.1	42	23	38.6	20.3

五、政策建议

（一）依托河南省各级各类教育体系，强化人才培养

优化大学生科技创新教学模式，将学科办学特色与学生创新实践能力培养有机结合，第一课堂与第二课堂有机结合，理论与实践有机结合，教学与科研有机结合起来。

以创新驱动、服务地方经济发展为导向，构建地方本科院校产学研用协同创新体系，通过设计有效的激励约束机制，以满足地方产业链技术需求为目标，集成企业、产业、研究机构等优势资源，形成集技术研发、技术转移、技术市场化为一体的创新链，并在此过程中通过人才培养、科学研究和社会服务等功能服务地方科技与经济发展。

建设科技创新成果孵化平台，借助于"互联网＋"技术建设创新成果孵化平台，推动大学生科技创新成果能够及时便利地得到宣传、展示，以吸引社会资源参与到大学生科技创新教育当中，促进科技创新成果的"落地生根"，提高科技创新成果的转化率，推进社会效益的产生，进而形成学校与社会间的良性互动，不断革新大学生科技创新教育的模式。

（二）发挥大学科技园区、众创空间对中青年科技创新能力培养的引领作用

随着知识经济时代的到来，我们也迎来了创新创业的大好时机。创新创业作为国家和社会发展的重要动力和源泉，党中央和政府高度重视，并制定了重大战略部署。作为人才培养的摇篮，高等院校需要承担创新创业人才的培养。因此，依托高校教育、人才和技术等优势资源，逐步建立并发展大学科技园，为创新创业人才培养提供良好的环境和重要平台。

大学科技园是我国创新创业体系的重要构成部分，凭借独特的优势，其在创

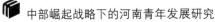

新创业教育中发挥着重大作用。通过制定鼓励创新创业政策，完善"两帮九助"服务体系，营造良好的创新创业氛围，构建并完善创新创业教育体系等途径，大学科技园可以有效地助推大学生创新创业能力的培养，可以提高社会青年的创业成功率。

（三）发挥郑洛新国家自主创新示范区的带动作用

郑洛新国家自主创新示范区是带动河南省创新发展的核心载体，有利于推动河南省驶入创新发展的"快车道"。加快科技事业发展，增强科技实力和自主创新能力，就是抓好一个关键，实施六项举措。一个关键就是全力建设郑洛新国家自主创新示范区，六项举措是指加快促进产业转型升级，培育壮大创新主体，大力推进开放创新，坚持人才发展为先，推动大众创业、万众创新，深化科技体制改革。

（四）努力营造全社会科技创新的文化氛围

科研创新氛围是组织文化氛围的一种外显，它呈现出科研组织的价值观、信仰、科研思维与组织精神，而这种氛围与科技骨干的创新工作具有双向作用。青年科技骨干受科研创新氛围的塑造并反向作用于该氛围，逐步地内化为精神支柱。全社会应努力在政策上、文化上、价值导向上营造尊重科学、崇尚科学，尊重知识、尊重人才的良好氛围。要充分利用网络、社团、媒介等各种载体，宣传科技创新活动的意义，要善于利用科技讲座、论坛、专家报告和科技文化活动等形式，让社会了解科技创新，不断增强全社会科技创新的活力。

第四篇

农民工发展

第七章　城乡社会双重转型下的河南农民工发展轨迹

【摘要】党的十八大以来，在党的新发展理念指引下，随着我国城镇化建设的不断加快以及以工业供给侧结构化改革为核心的城市化进程的不断深化，我国农村与城市社会发生了巨大的改变。长期以来，一直以外出务工为生活手段的农民工，在外出流向上、从业范围上、文化层次上、流动形式上、年龄特征上都发生了显著的变化。一边是经济、文化与社会高度集中与发展的城市，一边是逐渐振兴的乡村社会，当代农民工正面临着巨大的发展机遇，同时也面临着艰难的生活抉择。包括权益维护、城市融入政策、完善乡村治理在内的一系列改善政策，是确保农民工实现自主发展的重要保障。

一、前　言

党的十八大以来，我国正经历着前所未有的巨大社会变革，这其中主要表现为以城镇化建设不断加快的城市化发展转型和以建设社会主义新农村、开启乡村振兴战略为引领的"三农"事业发展转型。在这里，我们将之称为城乡双重转型。作为跨越城乡之间而流动的农民工，一方面见证了这种历史性发展进程，另一方面也因亲身参与了这两种重大社会转型，因而其发展也就赋予更多的特殊意义。本研究将从历史的纵深视角和现实的社会变迁视角，梳理近十年来河南农民工发展的历程。

二、城市的变迁

城市是现代经济发展的根本依托，也是国家现代化发展的重要标志。随着我国社会与经济不断地迈向新阶段，城市发展也日新月异。其主要特征表现为：人口和经济愈益向大城市群集聚，城市开放程度和创新能力日益提高，均衡发展理念、绿色发展理念日渐成为新引领，注重文化建设和人文精神建设成为城市建设新标的。

（一）城市面积不断扩大、城市人口急剧增长

仅以郑州为例，截至2018年末，郑州市市区面积逐步增长（见图7-1），常住人口突破1000万（见图7-2），步入超级城市。

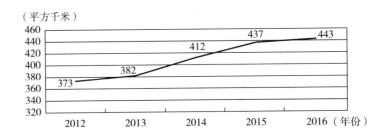

图7-1　2012~2016年郑州市城市新增面积变化情况

资料来源：《郑州市统计年鉴》（2013~2017年）。

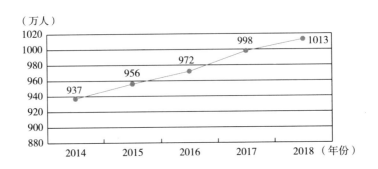

图7-2　2014~2018年郑州市人口变化情况

资料来源：《郑州市统计年鉴》（2015~2019年）。

（二）规模以上企业工业增加值放缓

随着经济发展进入新常态，调结构、稳增长的经济运行模式已经形成（见图 7 - 3）。

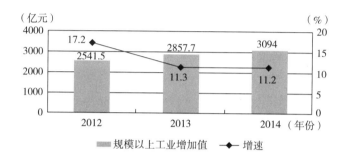

图 7 - 3　2012 ～ 2014 年郑州市规模以上工业增加值及增速

资料来源：《郑州市统计年鉴》（2013 ～ 2015 年）。

（三）城市容纳农民工转移就业意愿逐年下降

加强农村劳动力转移就业是一项重大国策。2004 年初的中央 1 号文件，专门就农村劳动力转移就业问题作了详细论述，当年的《政府工作报告》中也将"改善农民进城就业环境"作为重要任务提出来，要求劳动保障部将改善农民进城就业环境列入重要议事日程，采取进一步措施，消除限制农民进城就业的政策性障碍，改善对进城求职农民的就业服务。但随着城市发展竞争的加剧，人力资源的争夺逐渐演变为高端人才的争夺，相对于无论从知识还是从能力角度都处于下风的农民工阶层，其转移就业的机会大大降低（见图 7 - 4）。

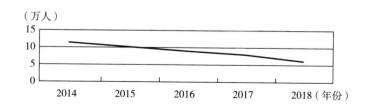

图 7 - 4　2014 ～ 2018 年郑州市容纳农民工转移就业情况

资料来源：《郑州市统计年鉴》（2015 ～ 2019 年）。

（四）工业结构转型效果显著

在整个工业体系中，非公有制工业和高技术产业增加值增长突出。在各地主导产业中，来自汽车及装备制造、电子信息、新材料、生物及医药四大战略性产业增长突出，总量占规模以上工业增加值的近半比例。高耗能行业增加值逐年下降。

（五）城市的开放程度不断加大

作为河南省会城市，郑州的开放程度逐年扩大。从改革开放初期的国家级高新区的设立到2013年的航空港自贸实验区批准建设，从最初的由火车拉来的城市到成为连接亚欧大陆的中欧班列的开通都进一步彰显着一个更具世界视角的郑州的到来。

三、乡村的变迁

随着中国改革开放的进程，中国农村也走过了一段波澜壮阔的发展历程。从20世纪50年代实行的农业集体化运动，到改革开放初期的联产承包责任制，从21世纪伊始在全国农村推进社会主义新农村建设，到深入推进农业供给侧结构性改革，加快农业现代化，从新型农村社区、美丽乡村建设，到全面推进乡村振兴战略，将乡村振兴战略同中国社会发展的总体性目标联系起来，标志着中国农村农业农民的发展再一次进入新的历史阶段。

（一）农村脱贫攻坚进入尾声

"两不愁三保障"将全面实现，广大农村的生活状况将发生质的变化。改革开放以来特别是党的十八大以来，我们坚持共同富裕的价值理想，发挥我国特有的政治优势和制度优势，根据国情实际深化扶贫体制机制改革，不断拓展中国特色扶贫开发道路。扶贫开发不仅有效地缓解了农村贫困状况，而且有力地促进了贫困地区乃至全国经济社会发展。虽然，在扶贫攻坚最后阶段，将面临更为艰难的形势，但我国广大农民实现对美好生活的追求目标日益靠近。

（二）农业现代化发展将在一些地区初步得到实现

农业现代化是指由传统农业转变为现代农业，把农业建立在现代科学的基础上，用现代科学技术和现代工业来装备农业，用现代经济科学来管理农业，创造一个高产、优质、低耗的农业生产体系和一个合理利用资源、保护环境、有较高转化效率的农业生态系统。2016 年，国务院印发《全国农业现代化规划（2016～2020 年)》的通知，标志着我国农村农业全面迈向农业现代化的开启。以农业机械化、生产技术科学化、农业产业化、农业信息化、劳动者素质的提高为主要指标的发展趋势必将深刻地改变广大的农村经济与社会的发展。

（三）农村土地流转开启农村农业的深刻社会变革

2005 年，随着中央全面落实《农村土地经营权流转管理办法》，我国农村以土地制度改革为引领的农村生产方式的发展进入新的阶段，2018 年，中国农村土地确权工作的全面完成，也标志着中国特色的农村发展道路再一次得到巩固和发展。目前，河南省乡镇一级农地流转交易平台的建设全面实施，随着农村土地承包经营权流转和规模化经营的扩大，地块分散的现象正在改变，有效地促进了农业规模化生产。

四、农民工从业发展新趋势

农民工是指户籍仍在农村，进入城市务工和在当地或异地从事非农产业劳动六个月及以上的劳动者。截至 2017 年末，全国农民工总量 28652 万人，比 2016 年增长 1.7%。其中，外出农民工 17185 万人，增长 1.5%；本地农民工 11467 万人，增长 2.0%。从传统意义上讲，农民工多半与建筑业、餐饮业相联系，与脏、乱、差环境有关，与文化层次低、素质差有关。但随着时代的变迁，农民工无论是就业方向、从业层次还是生活状态都发生了悄然的变化。根据国家及省市统计部门的相关报告，当代农民工正在从以下五大方面发生着深刻的变化。

（一）从业领域从第一、第二产业向第三产业延伸

由于文化层次低以及缺乏现代化工业技术，早期的农民工仅限于从事体力劳

动的行业。

从改革开放初期的农民工流向看，1984～1988年非农转移的农村劳动力数量由2161.4万人上升到8611万人。1979～1990年，第一产业就业比重从69.8%下降到60.1%，第二、第三产业就业比重分别从17.6%上升到21.4%、12.6%上升到18.5%。

1979～1993年农村劳动力主要转移至第二产业。1994年以后，转移至第二产业的数量有所下降，转移至第三产业的数量稳步上升。根据《新中国农业60年统计资料》，1982～1999年中国农村劳动力转移的行业分布比例变化为：工业由64%降至28.3%，建筑业占27.6%降至18.1%，第三产业由8.4%上升到53.6%。流向工业和建筑业的农民工数量虽多，但餐饮、娱乐、新型服务业等第三产业正在成为更多农民工就业的重要选择。

另据2016年农业部统计数据显示，农民工在第二产业中从业的比重为56.6%，比2015年下降0.2个百分点。农民工在第三产业从业的比重为42.9%，比2015年提高0.3个百分点。其中，从事批发和零售业的农民工比重为11.4%，比2015年提高0.1个百分点；从事交通运输、仓储和邮政业的农民工比重为6.5%，比2015年提高0.2个百分点；从事住宿和餐饮业的农民工比重为6.0%，比2015年提高0.1个百分点。

国家统计局2018年农民工监测报告显示，在第三产业就业的农民工比重过半。从事第三产业农民工比重为50.5%，比2017年提高2.5个百分点。从事传统服务业的农民工继续增加，从事住宿和餐饮业的农民工比重为6.7%，比2017年提高0.5个百分点。

（二）劳动力流动形式发生转变：从短期流动到永久迁移或举家迁移

农民工按照其迁移的稳定性分为两种迁移模式：一种是永久在城市定居或者几年内不会再流动；另一种是频繁流动，暂时在城市打工。改革开放初期到20世纪80年代末期，农村劳动力非农转移的模式主要为本地就近迁移，打工地点大多在本地域内，这种转移模式虽然在一定程度上实现了农村劳动力从农业到第二、第三产业的转变，但往往是暂时性的，且没有实现其生存空间的转变，通过该种模式进行非农转移的劳动力占劳动力转移总量的比重约为67%。1993年以后则出现了"离土又离乡"的迁移模式，这种模式使农村非农转移劳动力实现了职业和生存空间的转变。2000年以后，国家实行城乡统筹就业的政策，取消了农村劳动力进城就业的限制，推进农村劳动力的公平流动。2003～2014年举家迁移的农村劳动力数量从2430万人增加至3578万人，11年间共增加1148万人。

《中国城市流动人口社会融合评估报告》数据进一步表明，目前中国人口流动的家庭化趋势明显，流动人口在流入地的平均家庭规模超过2.5人；超过一半的流动人口有长期在流入地生活居住的打算，融入意愿强烈；与老一辈农民工相比，新生代农民工更注重发展，希望有个持续成长的环境，不再像候鸟那样进行季节性迁徙，更不愿像父辈那样打工后再回到农村，继续过"面朝黄土背朝天"的生活。因此，他们强烈渴望跳出"农门"，进入"城门"，扎根城市，融入城市。

（三）务工输入地从远趋近

根据《2017年农民工监测调查报告》显示，从输入地看，西部地区开始增加。在东部地区就业的农民工15808万人，比2016年减少185万人，下降1.2%，占农民工总量的54.8%。在中部地区就业的农民工6051万人，比2016年增长2.4%，占农民工总量的21.0%。在西部地区就业的农民工5993万人，比2016年增长4.2%，占农民工总量的20.8%。在东北地区就业的农民工905万人，比2016年下降1.0%，占农民工总量的3.1%。

（四）从业层次从单一低端向兼顾高端延伸

长期以来，为发展地区经济，地方政府引导大量农民工群体进入当地的劳动密集型企业，由于农民工群体很难获得工资较高、工作环境较好的工作，其技术能力仍处在相对低端的水平，从而制约了农民工成为市民后的收入水平以及后续就业的稳定性。因此，早期的农民工所从事的行业多是危难脏重的工种，劳动强度大，常常超负荷地工作，问卷显示，每天工作在八个小时以上的农民工占67.5%。

随着新生代农民工的产生，情况开始发生变化。由于大多数新生代农民工开始接受较高层次的教育和专业技能训练，有的还是高中或职业学校毕业，有不少进过各类农民工培训学校。一部分新生代农民工已成长为技术性工人，他们从业门路更加广泛，不再像父辈打工"出大力、干苦工、挣小钱儿"。现在有些企业纯体力招工出现"用人荒"就充分证明了这一点。新生代农民有本领，有技能，不再满足于靠苦力挣钱，而更多的是寻找技术活，注重对职业前景的选择。

有关调查显示，专科及以上文化程度的农民工 2018 年占比较十年前显著增加，专科及以上文化程度农民工总规模已经与美国对应的劳动人口相当。从年龄结构看，1980 年及以后出生的新生代农民工占全国农民工总量的 51.5%，其中"90 后"农民工占 49.6%，他们受教育程度普遍较高，对城市的认同度较高，具有较强的城市融入能力，他们中一部分已经或正在快速成长为懂技术的产业工人和懂管理的创新人才。

当然，尽管如此，这种改变仍然只是一种苗头，暂时还没有根本性改变。有关调查显示，新生代农民工的文化程度相对高于流出地，但低于流入地。问卷显示，新生代农民工中以初中文化程度为多，占 56%，小学为 20%，高中为 24%。在城镇常住人口中，高中及其他的文化程度为 55%，初中为 38%，小学仅为 7%。新生代农民工文化程度普遍不高，文化程度偏低制约了新生代农民工在市场中的竞争力。缺乏专业的技术培训，则是农民工就业难的另一个重要因素。在我们的调查中发现，有 64% 的新生代农民工没有参加过任何专业培训；有 19% 的农民工认为自己缺少专业技术。

（五）年龄结构开始分化，呈现中年、青年协同发展态势

2016 年以前，随着新生代农民工的加入，青年农民工一直占据主导。据不完全统计，在河南 2150 多万农民工中，新生代农民工占 70% 以上，达 1500 万人之多。分年龄段看，农民工以青壮年为主，16～20 岁占 3.5%，21～30 岁占 30.2%，31～40 岁占 22.8%，41～50 岁占 26.4%，50 岁以上的农民工占 17.1%。调查资料显示，40 岁以下农民工所占比重继续下降，由 2010 年的 65.9% 下降到 2014 年的 56.5%，农民工平均年龄也由 35.5 岁上升到 38.3 岁。

但随着国家对青少年一代职业教育扶持力度的加强，现代工业化进程对技能要求的不断提高以及当前农村人口结构的变化，外出务工青年的年龄结构发生微妙的变化，呈现出年龄增大的趋势。根据国家统计资料《2017 年农民工监测调查报告》显示，受农村人口结构变化、各年龄段特别是 50 岁以上农村劳动力非农劳动参与程度提高、农民工就地就近转移增加的影响，农民工平均年龄不断提高，50 岁以上农民工所占比重提高较快。2017 年农民工平均年龄为 39.7 岁，比 2016 年提高 0.7 岁。从年龄结构看，40 岁及以下农民工所占比重为 52.4%，比 2016 年下降 1.5 个百分点；50 岁以上农民工所占比重为 21.3%，比 2016 年提高

2.2个百分点,自2014年以来比重提高呈加快态势。从农民工的就业地看,本地农民工和外出农民工年龄均有不同程度增长,本地农民工平均年龄44.8岁,其中40岁及以下所占比重为33.6%,50岁以上所占比重为32.7%,比2016年提高3个百分点;外出农民工平均年龄为34.3岁,其中40岁及以下所占比重为72.3%,50岁以上所占比重为9.2%,比2016年提高1.1个百分点。

五、农民工发展面临的主要问题及应对策略

(一)农民工权益维护仍然面临巨大挑战

1. 签订劳动合同情况不容乐观

劳动合同,是指劳动者与用人单位之间确立劳动关系、明确双方权利和义务的协议,它是劳动者实现劳动权的重要保障,是用人单位合理使用劳动力、巩固劳动纪律、提高劳动生产率的重要手段,是减少和防止发生劳动争议的重要措施,是建立规范有效劳动关系的重要载体,对农民工职业发展具有重要意义。然而,由于务工的周期不确定性、法律意识的淡薄以及即使具有法律意识,但由于自身地位的不利和就业竞争的激烈,也被迫就范等原因。农民工与用人单位签订的用工合同始终保持在40%左右,总体反映出农民工有关劳动保障的现实水平。问卷显示,与用工单位签订固定合同的有30%;临时就业协议的有23%;没签订合同的高达41%;还有6%的人虽然签了合同,但却不清楚自己与用工单位签的是什么合同。

2. 拖欠工资现象时有发生

从农民工比较集中的几个行业看,建筑业仍是拖欠农民工工资的多发地,批发和零售业农民工被拖欠工资的比重上升。农民工权益维护仍然任重道远。

3. "五险一金"的农民工比例虽有提高,但仍处于低水平

2018年根据相关部门的统计,农民工"五险一金"的参保率分别为:工伤保险26.2%、医疗保险17.6%、养老保险16.7%、失业保险10.5%、生育保险7.8%、住房公积金5.5%,比2017年分别提高1.2个、0.5个、0.5个、0.7个、0.6个和0.5个百分点。外出农民工和本地农民工"五险一金"的参保率均有提高。外出农民工在工伤、医疗、住房公积金方面的参保率高于本地农民工,在养

老、失业和生育方面的参保率低于本地农民工。

另据对 2008 ~ 2014 年农民工监测调查报告的数据整理可以看出，虽然农民工参与生育保险、失业保险等社会保障的比例持续增加，但是比例最高的工伤保险都没超过 30%，且增速缓慢。

4. 居住与生活环境恶劣状况没有得到明显改变

长期以来，由于务工环境以及高流动性等原因，绝大多数的新生代农民工在城市居住条件较差，甚至是很艰苦。多数情况是住在集体宿舍或是租房住宿。集体宿舍是单位所提供，居住条件大多都比较简朴甚至简陋，而在打工所在地租房住宿的条件也并非很好，自己买房的更是少数。他们中大多数人吃住都在工地，不仅居住条件差，伙食也差，大多以面食为主，只管吃饱，不管营养。通过走访调查，对自己食宿条件感到满意的只占 18%，认为目前的居住环境会对自己的身心健康带来影响的占 34%。

与此同时，随着举家外出务工人员的增多，居住条件也得到一定的改善，但同城市居民居住条件相比，仍相差很远。一项国家统计局新昌调查队的调查数据显示："2017 年浙江有 53.4% 的外出就业农民工在乡镇以外地区从业但每天回家居住，在单位宿舍中居住的占比为 12.0%，独立租赁住房的占比为 11.3%，在务工地自购房的仅占 2.3%。"在北京、上海、深圳等超大城市中，农民工往往在城中村聚居，很少有农民工在务工地购买住房。

另据 2016 年河南二三线城市农民工调查中显示，农民工居住条件虽得到了一定的改善，但和城市普通居民相比仍有较大差距。具体表现为：在单位宿舍居住的占 28.3%，比往年下降 0.3 个百分点；在工地工棚和生产经营场所居住的占 17.2%，比往年下降 0.5 个百分点；租赁住房的占 36.9%，比往年提高 0.2 个百分点；乡外从业回家居住的农民工占 13.3%，比往年提高 0.2 个百分点；在务工地自购房的农民工占 1%，比往年提高 0.1 个百分点。自购房农民工比例提高，主要是在小城镇自购住房的农民工增加。在自购房农民工中，在小城镇购房的农民工占 49.1%，比往年提高 2.7 个百分点。

5. 随迁子女入学教育缺乏公正对待

据 2010 年第六次全国人口普查结果，以 2.61 亿流动人口的基数推算，农民工随迁子女已达到相当大的规模，农民工随迁子女义务教育入学难问题也随之凸显。针对此问题，国家陆续出台了一系列政策、法规和措施来保障"进城务工就业农民子女"平等享受义务教育的权利，虽然起到了一定的促进作用，但当前状况仍不容乐观，农民工随迁子女接受义务教育仍然存在普遍性的入学难问题。具体表现为入公办学校就读门槛高。农民工随迁子女入公办学校的门槛主要有两方面：一是费用限制，如借读费、择校费、赞助费等名目繁多的变相收费。二是门槛有一定的条件限制，如录取名额有限、家长必须提供各种证明材料等。总之，虽然我国相关法规政策规定以公办学校为主接受农民工随迁子女入学，但是公办学校成了难入之门，在公办学校就读容易受歧视和排挤。我国长期的城乡二元体制造成农村在经济、文化、教育等方面严重滞后于城市。在公办学校就读的农民工子女往往表现出衣着土气、成绩较差、自卑内向、不大合群等现象，而这些很容易成为部分教师和学生歧视、排挤他们的理由，这种有意或无意的"歧视和排挤往往会给农民工子女造成不良的心理影响"。民办学校往往存在教学质量差、办学条件差的问题。教学质量差的关键在于师资条件差，民办学校由于种种不利因素难以形成优秀、稳定的师资队伍。民办学校受资金、政策等条件限制使办学条件简陋。此外，民办学校往往存在课程设置不规范、学校管理存在诸多漏洞等问题。

（二）城市融入仍面临多重困难

农民工市民化问题是一项涉及户籍制度、财政政策、建设用地、社会保障乃至区域产业布局、农村产权制度深化改革等综合性问题，需要进行系统分析，综合施策。

从农民工主体角度，农民工城市融入主要表现在身份认同障碍、生活成本障碍、技能素质障碍等问题。

身份认同是指农民工对自身市民身份的认同，反映出其对城市生活方式、价值观的认同和接受程度，可看出半数以上的农民工仍然认为自己是农民，尽管这些劳动者所从事的职业已转向了非农产业，但其身份并没有发生彻底变化，也未对城市生活产生认同感。

生活成本是农民工城市化必须要考虑的基本条件。当前，较高的城市生活成本和花费制约农民工市民化转型。由于绝大多数农民工进城务工的目的是获得尽可能多的净收入，因而农民工的消费水平普遍较低，城市消费意愿偏低，除基本的生活必需品消费外，其他的收入都转化为存款。

技能素质偏低是阻碍农民工城市化的重要因素。主要表现为文化程度低、技术能力差、法律意识淡薄、政治素质不高和思想观念落后等方面，进而严重影响其就业竞争力和社会互动能力。

（三）针对返乡青年，乡村治理体系亟待加强

创造良好的生产条件和经营环境，对于返乡创业的农民工极为重要。

中国乡村发展经历了几千年的历史，其长期积淀而成的社会体系有其固有的特色。其中以皇权统治、宗法社会、小农经济、儒家文化、乡绅自治为主要特征的乡村社会结构和乡村社会秩序是中国特有的社会现象。1949 年新中国成立以后，虽经革命化改造，传统中国乡村社会结构和秩序被彻底颠覆。但其传统意识和结构时有发生、偶有存在，必须认真对待。

与此同时，随着时代的变迁，一些不良因素死灰复燃，成为阻碍劳动力要素流动的新的阻力。如一些地方还存在政府非法干预村民自治、以宗派势力为核心的灰色治理、村级治理体系不完整不健全、乡村法治化和民主化进程较弱的现象。

党的十九大报告明确提出健全自治、法治、德治相结合的乡村治理体系的战略目标。2019 年 6 月，中央出台《关于加强和改进乡村治理的指导意见》明确了未来乡村治理的发展目标：到 2020 年，现代乡村治理的制度框架和政策体系基本形成，农村基层党组织更好地发挥战斗堡垒作用，以党组织为领导的农村基层组织建设明显加强，村民自治实践进一步深化，村级议事协商制度进一步健全，乡村治理体系进一步完善。到 2035 年，乡村公共服务、公共管理、公共安全保障水平显著提高，党组织领导的自治、法治、德治相结合的乡村治理体系更加完善，乡村社会治理有效、充满活力、和谐有序，乡村治理体系和治理能力基本实现现代化。

相信在党的领导下，美丽乡村的美丽远景一定会实现，广大农民工的从业发展也一定会有新的归宿——回归乡村成为农民工新的选项。

第八章　地域歧视对河南省外出务工青年的影响及个体应对方式的研究

【摘要】通过问卷、深度访谈等方法，全面探讨河南省外出务工人员，特别是在发达地区的务工青年所遭受的地域歧视情况及其应对方式。结果如下：

（1）河南省外出务工青年在身份结构上以农民工为主，兼具城镇青年和大学生打工者；在年龄结构上以青壮年为主，男性明显多于女性；在文化程度上以小学初中文化为主，和往年相比，高中文化程度开始增加；在人口流向上以选择发达地区为主；主要流向珠江三角洲、长江三角洲等经济发达地区和北京、上海等主要城市；在收入水平上以中等收入为主，收入逐年增高。

（2）在就业及工资待遇、生活服务与居住、子女升学等方面，有近半数青年经历并感受到地域歧视这一不公平社会意识，而对其未来的演变的预期上表示出谨慎乐观。

（3）目前务工青年所遭遇到的地域歧视表现形式上多以怠慢、疏远、拒绝等隐性方式为主。

（4）在现实利益和心理发展上，地域歧视对外出务工青年造成不利影响。

（5）在应对地域歧视的方式上河南外出务工青年多以温和偏内敛策略为主，而这种应对方式又与河南人格特征密切相关。

（6）建议：继续加强政府干预机制，在全国范围内树立良好的河南形象；在省内倡导更为开放和文明新风尚；在外出务工集中地区，建立地域歧视辅导干预机制；进一步改善外出务工培训体系；鼓励并开展跨省市间的民间文化交流。

一、问题的提出

地域或者籍贯，指的是"族居或个人出生地"，通常作为我国公民个人身份认证的重要内容之一。地域歧视是指其他人群对属于某一地域的人所产生的厌恶甚至敌视的态度和不公正的待遇。现实中地域歧视的表现往往具有群体效应，即歧视行为不仅仅是个体的、偶尔的行为，而是集中成为一个群体性、惯常性的行为①。

从法律角度，一般以"差别化对待"来描述歧视。我国《宪法》第33条第2款规定："中华人民共和国公民在法律面前人人平等"，这是关于平等权的一种原则性和概括性规定。虽然欠缺更具有实质性和可操作性的"禁止差别事由规定"与之相呼应，我国宪法学界通常还是认为，根据民族、种族、性别、职业、家庭出身、宗教信仰、教育程度、财产状况等理由所采取的法律上的差别，可视为歧视②。

河南省是地域歧视的重灾区。据现有资料，自20世纪60年代起，市面上开始泛滥流行嘲弄河南人的段子，直至20世纪90年代中期，针对河南的地域歧视开始明朗化并趋于高潮。例如，某商品交易会上赫然出现河南人免谈的告示牌；某献血站拒绝河南人献血（以身份证为凭）；某明星交了一个河南籍对象，被父母拆散；某小区物业的保安将河南人当作重点防范对象；某派出所捉到一名来自河南的小偷，一顿暴打，其他地方的小偷则无此类关照。2005年，发生在深圳市的某派出所挂出的"坚决打击河南籍敲诈勒索团伙"和"凡举报河南籍团伙敲诈勒索犯罪、破获案件的，奖励500元"的横幅有如恶意投出的石子，激起社会各界的千层浪花（见图8-1）。

对于外出务工人员来说，地域歧视的最大危害莫过于对就业和收入的影响。章元和高汉（2011）③把城市就业市场划分为以收入稳定丰厚的大型国有企事业

---

① 刘顺义，李正春. 中国地域歧视的集中效应与反歧视体系建构——兼论导化与歧视河南人现象 [J]. 哈尔滨市委党校学报，2010（4）：87-89.

② 朱玉霞. "地域歧视"的经典与谬误 [J]. 西安电子科技大学学报（社会科学版），2009（2）：87-91.

③ 章元，高汉. 城市二元劳动力市场对农民工的户籍与地域歧视——以上海市为例 [J]. 中国人口科学，2011（5）：67-74.

图 8 - 1　2005 年深圳警方在辖区悬挂大横幅

资料来源：《南方都市报》，2005 年 3 月 31 日。

单位为构成的一级就业市场和收入动荡不稳的以私营企业、小规模服务行业为主要构成的二级就业市场。调查发现外出务工人员就业范围主要集中在以自我雇佣、私人企业、集体企业和"三资"企业为主的二级就业市场上，而他们在国有企业中的比重远低于城镇居民的比重。阻挡外出务工人员进入一级就业市场的阻碍就是抵御歧视。

目前，随着我国城镇化进程的加快，社会文明程度不断提升，构建和谐社会理念也正逐步深入人心，由此，从全国范围来看，对外出人员的明显的歧视现象有所减少。但在某些领域、某些特殊时期，地域歧视仍然以隐性的方式存在、发生，且其对外出务工青年的危害同以往相比仍有过之而无不及。

有关地域歧视的研究可以追溯到 20 世纪 90 年代，而河南籍作家马说的《河南人惹谁了》①的出版则把社会对地域歧视的关注推向了一个高潮。综合以往研究，有关地域歧视的成果多集中在对这一现象社会学根源的分析上。具体有以下结论：

（1）社会传播理论。社会心理学家奥尔波特把偏见概括为一种对属于某一集团的人所产生的厌恶，甚至敌视的态度②。这种态度的产生，仅仅是因为这个人是某个集团的一员，因而这个人也就具有这个集团所有的令人不愉快的特

---

① 马说. 河南人惹谁了 [M]. 海口：海南出版社，2002.
② 莫里斯·哈布瓦赫. 论集体记忆 [M]. 毕然，郭金华译. 上海：上海人民出版社，2002：46.

征。持有偏见的人在通常情况下并意识不到或者不想意识到自己是有偏见的，而把自己对偏见对象的态度看成是客观的评价。如有些人对河南人的形象的认知基本定格在一个相对固定的象征符号之上，脏、乱、坏等贬低性的话语成为描述河南人形象的常见符号，它既外在于个体，又内化于个体的价值信仰体系之中。

（2）社会阶层论。该理论是新近西方流行的一种社会学理论，用"社会阶层"取代了传统的"阶级"概念。即所谓社会阶层是由于经济、政治、社会等多种原因而形成的，在社会的层次结构中处于不同地位的社会群体。社会阶层论认为：社会阶层的内涵会随着社会阶层间的流动而发生变化，个人会提升到较高阶层或下降到较低阶层。程启军（2010）[①]认为，主导阶层与边缘阶层在利益博弈的背景下，阶层冲突有所激化，主导阶层通过各种手段和途径维护着本阶层的边界，形成了较为完善的利益表达机制；而边缘阶层在利益表达机制缺乏的情况下，不断强化着边缘阶层的边界，而地域歧视本质上就是这种阶层间冲突的外部表现形式之一。

（3）从历史学角度。河南是一个多灾多难的地区，黄河自然或人为的决口、连年的战乱导致中原地区民不聊生，不断引起一阵阵向外省的移民潮，而这种移民潮的出现自然占了外省本地人的生存空间，由此会引起当地人的怨恨。在新中国成立后所面临的三年自然灾害中，发生在河南的一系列生存危机事件至今让世人难忘。

（4）从社会意识形态角度。河南是中华文明重要的发源地，儒家、道家意识浓郁，加之具有封闭式的农耕文化的主导地位，铸就了与沿海开放地区有所不同的人文意识风格。传统、封闭、保守成为河南人的标志性符号，更与改革开放的时代背景形成极大的反差。在政策及政府形象上，依然受较多的负面因素牵制，20世纪"文化大革命"中的河南"假""大""空"集中表现，改革开放初期河南社会经济发展政策的滞后等因素，无意间加重了外界对河南负面的评价。

（5）从经济学角度。河南经济发展落后是一个不争的事实，虽然近几年河南GDP指标上升到全国第五位，但在总体上特别是经济发展的质量上明显落后于全国水平。对于地域歧视，河南省委原副书记王全书在接受报社记者采访时认

---

① 程启军. 阶层间封闭性强化：中国社会阶层流动的新趋势［J］. 学术交流，2010（1）：118－122.

为："河南人的负面形象，说到底还是个穷的问题。"① 市场经济的发展在不断调整、改变、异化着人们固有的价值观，虽然人们还在固守传统的东西，但在衡量人的高低贵贱上，金钱和财富的分量越来越重要，甚至不少人已把金钱与财富的重要性推向了极端，金钱和财富的多寡正成为他们衡量人们身份与地位的唯一标尺。在这种所谓的"新观念"中，河南这样一个穷省，河南人这样一群穷人，自然是成为世人丑化与歧视的对象。

（6）从心理学角度。一是语言的因素。河南话与中国其他地区的方言差异较大，但和普通话同属北方语系，除了阴、阳、上、去的四声和普通话不同外，别的方面基本一致。讲河南话就等于在向世人宣示：我是河南人。在某种程度上讲河南话也成了从事低下层劳动的外地人的象征。二是自我不满的转移性投射。投射作用是指个体在进行认知过程中，不自觉地将自己身上所具有的一些人格特点投射到客体身上，从而将一些本属于自身而自身不想要或不想承认的心理行为特征强加到其他对象身上，于是掩蔽了客体真正的人格特点、扭曲了客体的真实面貌，进而形成对客体错误的认知。随着国门的洞开，开放的深入，越来越多西方的观念和生活方式进入中国，这些人已自觉不自觉地受到较深的影响，崇尚西方已成为流行时尚。但与此同时，这些人也会觉得一个中国人动辄就骂中国人，于人于己都有失厚道，于是终于发现了一个替代物——河南人。河南人确实有替代中国人的"资格"，悠久而源远的中国传统文化便诞生在黄河流域和长江流域，强烈的传统文化氛围塑造出的河南人就是中国人的典型，中国人有的优点他们有，中国人有的缺点他们也有。三是刻板印象。由于长期的积累，国人对河南人的看法已经形成了一定的心理惯性和群体性，而要扭转这种惯性和群体性显然不是一朝一夕一个人之事，仍旧需要一个长期的过程。在此期间，仍会出现莫名的先入为主的歧视现象发生。

在如何消除地域歧视以及所造成的危害上，以往的研究多集中在社会经济发展、社会和谐的宏观层面②，以及如何从政府政策层面去干预地域歧视等问题上：强调诸如通过加大舆论导向力度手段，努力纠正社会对被歧视群体的人格形象刻板印象；通过进一步的改革开放措施，努力改善被歧视群体的经济环境，增加被歧视地区的富裕程度；通过加强自身素养的提高，努力改善形象，以此来遏

---

① 参见《新闻晨报》（2005 年 9 月 1 日）。

② 蔡昉. 中国城市限制外地民工就业的政治经济学分析［J］. 中国人口科学，2000（4）.

制抵御歧视的蔓延。对于如何运用个人的行为和心理资源来抵御和化解地域歧视却少有关注，特别在河南外出务工人员在全国的流动性增大、社会环境难以去歧视化的形势下，如何挖掘探索外出务工人员运用自身资源来化解地域歧视的方法与手段，进而促进个体与社会共同发展已成为当务之急。

为此，基于上述分析，本章将本着维护河南外出务工人员成长利益的原则，着力探索地域歧视对个体的行为影响及其个人化行为应对方式。

二、河南省外出务工青年的基本状况

本章所涉及的研究对象总体是河南外出务工人员，而其所涵盖的人员构成应是包括外出打工的农民阶层、城镇青年和大中专毕业生在内的广义的务工人员。

河南省劳动力资源丰富，仅全省乡村从业人员达 4690.9 万人，位居全国首位。但人均占有耕地面积仅为 1.24 亩，比全国平均水平少 0.19 亩（以 2007 年河南省统计局公布数据）。由于土地后备资源严重不足，未利用土地仅占总面积的 12.9%，且多数分布在山地丘陵地带，开发利用难度很大，长期以来在农村形成了大量的剩余劳动力。截至 2012 年底，包括农民工在内的河南省在外省务工劳力达 1800 万之众①。

为进一步说明河南省外出务工人员现实状况，研究以豫南地区某地市级经济重镇为例，勾勒河南外出务工青年的基本构成②：

该市是以农业为主的人口大市，人多地少，基础薄弱。2008 年，全市总人口 802.81 万人，其中农村人口 659.53 万人，占全市总人口的 82.15%。据 2008 年外出务工人员情况调查表数据汇总推算，2008 年全市外出务工人员 209.86 万人，占全市总人口的 26.14%；外出半年以上的务工人员 206.56 万人，占全市务工总人数的 98.43%。2008 年全市劳务经济收入 174.30 亿元，比 2007 年增加 8 亿元，增长 4.81%，劳务收入占全市生产总值的 20.11%。该市已成为河南省劳务输出最多的省辖市，劳务经济已成为彰显信阳特色的一种品牌。

（1）外出人员身份以农民为主，输出人员呈现单一性。据汇总结果推算，

---

① 《河南省统计年鉴》（2012）。
② 杨屹.2008 年信阳市外出务工人员情况调查简析［Z］.信阳市统计局，2009 – 05 – 05.

该市务工人员大多数为农民,表现为大量农村剩余劳动力的转移。务工人员中农民 192.76 万人,占 91.85%;城镇居民 10.14 万人,占 4.83%;大中专学生 5.62 万人,占 2.68%;城镇下岗职工 1.30 万人,仅占 0.62%。随着社会主义市场经济的不断发展,第一产业对吸纳农村劳动力和促进农民增收的空间已十分有限,大量农村剩余劳动力的转移,有效地促进了该市农村经济的发展和社会的稳定。

(2)外出务工人员年龄结构以青壮年为主,男性明显多于女性。调查显示,年龄越大,务工人员越少,所占比重越小。在该市外出务工人员中,18 岁以下的有 6.78 万人,占 3.23%;18~24 岁的有 50.18 万人,占 23.91%;25~45 岁的有 125.90 万人,占 59.99%。外出务工以青壮年为主,且这部分人员外出务工基本是常年外出,相对稳定。从性别上看,男性务工人员要明显多于女性,男女性别之比为 147.21∶100。务工人员年龄结构上整体年轻化,以及在性别上表现出的差异,究其原因主要有:一是多数农民工没有完全割断与乡村和土地的联系,迫于城市各方面的压力,基本上还是选择到城市赚钱、回农村消费的模式,向城市的转移仅是暂时的,最终不会在城市扎根;二是大部分农民工学历低、技能差,且受到招聘条件中对年龄的限制,大龄农民工难以找到工作;三是在农村,女性因接受初中及以上教育的机会低于男性,使就业起始年龄要低于男性;四是多数女性结婚生育后,将会选择返回农村,承担起农村生产和子女抚养教育的职责而不再外出务工经商。

(3)外出务工人员教育程度仍然以小学初中文化为主,和往年相比,高中文化程度的青年开始增加,多为体力劳动者。截至 2012 年底,该市外出务工人员中,未上过学的 3.44 万人,占 1.64%;小学、初中文化程度的 145.12 万人,占 69.16%;高中、高中以上文化程度的 61.26 万人,占 29.20%。外出务工人员以小学初中文化为主,高中文化程度比例开始增加。由于文化程度的制约,外出务工人员从事的职业多以劳动密集型体力劳动为主。务工人员受教育程度低,一方面,在教育资源稀缺、农村高中教育不发达、职业技术教育发展缓慢等因素的影响下,农村青少年初、高中升学率普遍较低,青少年放弃求学选择外出务工经商的较多。另一方面,受教育不足的农民工没有良好后天教育的弥补,大多进城后难以得到专业职能培训,无法充分享受城市继续教育的资源和机会来进行自我发展,多数人只能从事技术含量低的简单操作工作。因此,务工人员不仅要解决生存、就业问题,更要解决自身的发展和完善问题。

（4）外出务工人员以选择发达地区为主，流向趋于固定。外出务工人员主要以跨省流动为主要形式，以异地流动为主，流动的区域呈现不断扩大的趋势，并且主要流向珠江三角洲、长江三角洲等经济发达地区和北京、上海等主要城市。其中流向最多的五个省市是：广东省52.02万人、浙江省35.15万人、北京市28.88万人、江苏省24.05万人、上海市22.98万人，分别占该市当年外出务工人员的24.79%、16.75%、13.76%、11.46%、10.95%，且流向趋于固定。2008年由于受全球经济危机的影响，沿海地区的劳动密集型产业和外向型企业受到冲击，国外订单减少，企业生产下降，用工需求减少，出现了部分外出务工人员从东南沿海返乡的现象，但这部分返乡人员所占比例很小，目前全市民工返乡潮还没有集中出现。

（5）外出务工人员所从事的行业中有一半以上是第二产业，其中以制造业为主。外出务工人员主要流向非农产业，以从事制造业和建筑业为主，服务业逐渐成为吸纳农村劳动力的重要渠道。一是以制造业为主，从业总人数达64.03万，占外出务工人员总数的30.51%；二是建筑业，从业总人数为37.48万人，占外出务工人员总数的17.86%；三是居民服务和其他服务业，从业总人数达30.18万人，占外出务工人员总数的14.38%；四是批发和零售业，从业总人数为16.22万人，占外出务工人员的7.73%；五是住宿和餐馆业，为13.72万人，占外出务工人员总数的6.54%。以上五个行业分布人数合计为161.63万人，已占外出务工人员总数的77.02%。其中，从事制造业和建筑业人员最多，从业人数占全部务工人员的半数以上。

（6）外出务工人员以中等收入为主，收入水平逐年增高。2008年，该市外出务工人员月收入800元以下的有4.45万人，占2.12%；月收入800~1200元的有43.97万人，占20.95%；月收入1200~2000元的有120.69万人，占57.51%；月收入2000元以上的有40.65万人，占19.37%。与2007年相比，月收入低于800元以下的比例明显减小，收入水平逐年增高。2008年该市务工人员月平均收入水平为1502元/月，已超过该市在岗职工月平均1487元的工资水平，但和务工当地的月平均工资水平还存在较大的差距，收入在当地仍属中低水平。

三、研究方法及理论依据

1. 研究方法

（1）问卷调查。通过在河南省主要劳务输出地外出务工机构分层抽样方式开展调研，本次样本调查所带来的调查实验误差将控制在 5% 以内。

（2）深度访谈。通过电话或互联网渠道，在问卷调查样本内，针对典型案例进行个案分析。

（3）因素分析。针对地域歧视的基本元素，根据因素分析方法进行深层探讨。

（4）史料分析。结合以往地域歧视研究，提升本章研究的深度和广度。

2. 理论依据

本章研究站在社会学、文化学、心理学和数理统计原理的分析视野，全面探讨河南外出务工人员的历史背景、现实状况、个人应对特点等。

四、问卷调查结果与讨论

（一）调查对象的人口学特征

（1）调查对象年龄分布（见表 8-1）。

表 8-1 年龄分布

年龄	15 岁以下	15~20 岁	20~25 岁	25~30 岁	30~35 岁	35 岁以上
占比	1%	17%	29%	37%	13%	3%

平均年龄：24.91 岁。

（2）男女比例为 51:49。

（3）文化程度（见表 8-2）。

表 8 - 2　文化程度

文化程度	小学及以下	初中	高中	大专与本科	研究生
占比	1%	27%	41%	26%	5%

（4）婚姻情况：已婚未婚比例为 33∶67。

（5）户籍身份情况（见表 8 - 3）。

表 8 - 3　户籍身份情况

户籍身份	农民	城镇居民（含下岗人员）	大中专学生
占比	68%	9%	23%

（6）政治面貌（见表 8 - 4）。

表 8 - 4　政治面貌

政治面貌	群众	团员	党员	民主人士
占比	30%	50%	13%	7%

（7）务工地选择：东西部比例为 64∶36。

（8）收入状况（见表 8 - 5）。

表 8 - 5　收入状况

月收入水平	1000 元以下	1000 ~ 2000 元	2000 ~ 3000 元	3000 ~ 4000 元	4000 元以上
占比	4%	12%	30%	42%	12%

平均月收入：2980 元。

（9）身份分布（见表 8 - 6）。

表 8 - 6　身份分布

务工身份	正式工	短期合同工	打零工	不确定待业	自主创业
占比	21%	27%	32%	12%	8%

（10）产业分布情况（见表 8 - 7）。

表 8 - 7　产业分布情况

产业类别	第一产业	第二产业	第三产业
占比	2%	52%	46%

从上述数据可以看出，本章研究所选样本特征与上述豫南某市外出务工青年构成基本一致，其具体特征有以下几方面：

（1）外出务工人员多以青壮年、男性青年、未婚青年、团员青年和群众青年为主体。

（2）文化程度整体上有所提高，初中仍是外出务工人员基准文化水平，但高中文化程度的比例开始增加。

（3）在务工地选择上，倾向东部发达地区，而其中又以珠江三角洲地区为主要选择地。

（4）收入水平和往年相比有一定提高。

（5）务工人员来源上仍以农民工为主体，但呈多元化发展趋势，学生外出务工人数有所增加。

（6）务工职位或岗位身份呈多样化分布，稳定的合同制工种、不稳定的零工状态、自主创业呈鼎立并行发展态势。

（7）务工产业主要集中在以建筑业为主的第二产业和以服务业为主的第三产业上。

（二）对抵御歧视的认知情况（与专家认知的对比）

调查显示，在了解地域歧视这一社会现象上，回答知道的占47%；回答知道但不太了解的占36%；而回答不知道的占17%。可以发现，大多数外出务工人员对地域歧视有一定的了解。在走访过程中进一步发现，这种了解更多的是亲身感受而不是道听途说（深刻亲身经历者占41%；一般经历者占43%；没有经历者占16%）。换句话说，对地域歧视的了解程度与遭遇地域歧视的概率呈一定相关关系（见图 8 - 2）。

在如何看待地域歧视这一现象上，有43%的受访者认为是区域经济发展不平衡导致的；有21%的人认为是一种心理防御；有25%的人认为是文化及风俗的

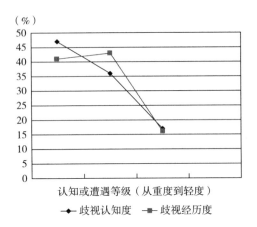

图8-2　对地域歧视的认知及感受度

差异造成的；有6%的人认为是自然地理环境的原因；有4%的人认为是自身的原因；有1%的人说是其他原因。

应该说，这一结果同大众的看法和相关问题的专家的看法基本一致，这也反映出河南外出务工人员在面对地域歧视这一社会现象时表现得较为客观理性，甚至因较多的人认为是一种心理防御，而反映出较高的心理觉察水平，这也为从认知角度化解地域歧视奠定了坚实的基础。

一般认为，就地域歧视产生关联要素上，既有包括歧视者和被歧视者双方人格特点在内的主观因素，也有包括地区经济发展落后等在内的客观因素。但是在深度调查中显示，很少有人认为地域歧视的产生和自身行为有关（仅有4%的人认为是自身的原因），这说明被歧视者已经意识到他之所以受歧视就是因为他来自某个群体或地域，个人再努力也无关紧要，他已被标签化，由此可能掩盖了他对真实自我的探索或反省。然而，在如何应对地域歧视这一问题上，又有较多人选择了通过个人努力改善形象这一策略。由此反映出河南人在面对地域歧视复杂的心理构成：潜意识层面外归因倾向和意识层面的个体品行改善倾向并存。也就是人们常说的自尊感强不服输的心态，也是河南省委原书记卢展工所描绘八种河南人中的"自尊自强河南人"①。

在对未来的预期上，选择"逐渐淡化"的占61%，而选择"越来越严重"

---

① 夏友胜，梁新慧，王秋欣．"两会"特别报道　卢展工阐述八种河南人形象［N］．东方今报，2011-03-04．

的占 20%，选择"不好说"的占 19%。如果考虑到"不好说"选项的两可性，那么对地域歧视未来的演变持悲观态度的人与持乐观态度的人基本为三七开。因此，可以说在对待地域歧视这一社会现象的发展上总体持谨慎乐观。

（三）地域歧视的表现方式及其危害

（1）地域歧视在人际交往过程中表现得比较普遍，主要通过怠慢、疏远、拒绝、讥讽、敌视等人际态度表现出来。其发生多以怠慢等软性或潜在的歧视为高概率事件，而以拒绝、讥讽、敌视为特征的硬性或显性歧视为低概率事件（见图 8 - 3）。上述歧视现象在任何时间、任何地点对任何人都有可能发生，但发生在河南外出人员身上的概率明显超出其他省份的人员。例如，郝某，河南扶沟包屯镇人，男，40 岁，曾于 2003 年在北京建筑工地打工，他讲述了自己的经历："北京人大多数待我们还和气。可是，因为我们穷、穿得破，也常有人对我们说话很难听、看不起我们。在公共汽车上，只要我们一上来，车里的人都很不高兴，躲得远远的。售票员也总是盯着我们，大声地训斥叫我们买票。在商店里，售货员都不爱搭理我们，要看一样东西，说了半天也没人理。"

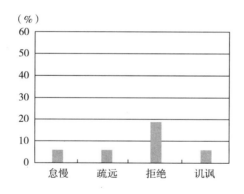

图 8 - 3　地域歧视态度方式的占比

（2）在生活领域中所表现出的地域歧视持久而深刻，这其中尤以生活居住状况恶劣和择偶排斥为特征。

据报道，2006 年当年有 40 万河南之众的深圳，在深圳的龙岗区岗贝村，居然出现了大面积拒绝河南人来此租房的现象①。在岗贝村居住了两年的河南籍居

---

① 参见《新京报》（2006 年 6 月 13 日）。

民吴先生说，如果你是他的老乡，现在就基本上不可能在这里租到房子了。多位河南人都称在租房过程中听房东说，村委会开会集体决定不许把房屋租给河南人，否则三年不给分红。吴先生说，岗贝村目前居住着500多名河南人，其中约有100多人住在老屋村里，靠拾荒为生。据称村里给所有居民下了一个书面通告，说是要对老屋村进行整改，要求住在里面的人这两天都必须搬出来。"可是他们再租房时，一听说是河南人，房东就明确说不租。"报道中还提到了一名60多岁的河南老人，因为无家可归的彷徨和迎头浇下的雨水，老人病倒了。万般无奈，老人只好找了块避雨的地方——躺在三轮车下过夜。

在婚姻生活方面，地域歧视所带来的伤害是深远的。调查中涉及家庭婚姻的有关问题结果显示，在已婚家庭中伴侣是河南省人（老乡）的占89%；在未婚青年中预期选择河南人做伴侣的占68%。可以看出，无论是现实婚姻还是未来婚姻，倾向选择河南老乡作为自己伴侣的占据大多数，显示出较高的同乡成婚率。这种婚姻构成的内生性，一方面说明河南人强烈的本土意识及传统的忠孝伦理观念①，另一方面也反映出外部环境对河南人较强的排斥性。在2007年的深圳，已近而立之年，身高、收入、地位都不差的吴某，因自己是河南人，最终导致已相恋三年的女友选择与其分手，只因她的家人和亲友实在不能接受一个河南人做女婿。

（3）就业和子女学习升学领域是地域歧视重灾区。在职业领域所表现出来的地域歧视主要在对岗位和工种的选择上。李某是河南信阳潢川人，35岁，曾在广州打工。2009年10月在广州一家皮鞋厂应聘，经过众多竞争者的竞争，获得最后的胜利。就在一帆风顺之时，风云突变，招聘人员看到他的籍贯时，明确告诉他，我们不招河南人。李某就这样莫名其妙地失去了这份来之不易的工作。他说："我外出打工凭的是自己的真本事吃饭，可一听我是河南人马上板下脸拒绝，真让人气愤又不解。"经史料调查及访谈得知，河南外出务工人员的工种主要集中在第二产业和第三产业，具体包括建筑业（25%）、运输物流业（18%）、种植业（14%）、矿产资源开采业（12%）、饮食服务业（9%）、环保清洁（8%）、废旧物资回收（7%）、农副产品零售（6%）等行业。这些工作的劳累程度很高，而且在工作环境、文化技术含量上都明显低于其他种类的工作。

---

① 翟文．农村通婚圈缩小现象透视［J］．社会工作，1996（1）：29-30.

在学习升学方面，主要表现为外出务工子女因歧视而在择校升学方面面临较大困境。虽然地方教育部门制定了有关外来务工人员子女在升学方面和本地居民享受同等待遇的相关政策，但在实际操作中，这些好的政策仍无法真正落实，这其中地域歧视依然在作祟。当然，和来自其他省市的务工人员相比，河南省外出人员所面临的歧视并没有什么明显不同。换句话说，外出务工人员的子女择校升学难是全国所有地区所有务工人员面临的普遍问题。

地域歧视对务工人员的危害是长期而普遍的，这其中主要体现在个体利益的现实性危害和心理层面的危害方面。

在现实利益方面，首先表现在外出务工青年的子女升学无法得到保障上，同时一些不合理的或因外来人员而设定的变相的教育收费加大了子女升学教育的成本，即便能够进入城市学校，也会因"外来户"这一标签导致外出务工人员子女享受的教育机会和本地城镇户口子女相比仍有较大差距；其次，在就业及工资待遇上，针对一级就业市场依然处于低水平，除非从事简单体力或恶劣环境下的工种，否则很难达到本地户口居民的就业环境及待遇；最后，在居住条件上，随着城市基础设施建设的不断完善，外出务工人员有所改善，但仍有政策上不配套的现象。

在个体心理层面的危害上，长期的地域歧视必然导致外出务工人员特别是农民工群体普遍自尊心和自信心偏低，他们既渴望拥有自尊和自信，又不得不选择忍耐和包容。他们在流入地以体制外方式生存，由于缺乏对城市政治决策的参与机会和难以获得公平公正待遇而产生的失落感和孤立感，由于社会地位低下，对流入地区和单位没有认同感、归宿感，缺乏主人公意识，由此将进一步造成人格上的自卑和行为上的拘谨与退缩。如若在现实中遭遇不公正待遇，也将极易引发一系列与社会环境相对抗的社会敌视现象，将阻碍城镇化进程中农民工对环境的适应和城市融入。

（四）地域歧视的内在基本元素

本章根据目前社会上流行的河南人的段子，抽取 30 个有关对河南人的评价，让受试者按五个等级就每一个评价符合程度作出选择，然后将评定结果进行因素分析，并进行因子旋转，得出如下结果（见表 8 - 8）。

表 8 - 8 地域歧视的因子分析（负荷量数据）

变量	Ⅰ	Ⅱ	Ⅲ	Ⅳ	Ⅴ
令人恶心的	02	19	03	- 05	29
狡猾	34	22	- 08	13	08
勤劳	47	37	65	23	09
造假	22	16	35	- 23	33
肮脏	01	25	- 09	13	14
懒惰	37	04	- 08	- 24	12
野蛮	- 03	11	- 07	- 12	05
没文化	34	- 23	43	- 11	07
贫穷	34	36	- 06	19	10
太假	1	04	- 29	09	12
笨	24	12	- 08	27	25
身材魁梧	36	35	41	23	18
土气	23	02	- 07	34	03
偷窃	- 04	- 17	03	23	12
都是农村人	03	24	15	08	12
很落后	13	- 14	25	19	20
品质差	14	03	25	38	11
欺骗	- 01	12	11	32	- 08
自吹自擂	09	45	22	10	22
有文化	21	13	09	24	08
能吃苦	24	35	55	28	29
敢闯天下	24	09	- 09	- 13	12
胆小怕事	- 22	- 31	06	13	25
爱搞笑	03	05	12	- 05	32
保守	28	45	39	09	12
小心眼	03	04	- 07	24	14
笨嘴笨舌	27	09	04	- 03	12
产品低档	- 02	- 01	23	17	07
官员形象差	29	57	45	33	56
经济落后	46	40	09	- 11	55

结合问卷调查中对地域歧视产生根源的回答，总结出脸谱化人格性因素、文化因素、经济因素、政治因素为地域歧视的四大基本元素，而前三种因素为最主要因素。

脸谱化人格性因素（在根源性调查中占41%的选择比例），比喻文艺创作中刻画人物的公式化倾向。由于历史和文化的长期积累，河南人呈现出传统而中庸的人格倾向，李海鹏（2006）[1] 甚至把河南人的集体性格描述为"斑驳陆离，包罗万象"。也正是这种无法定位现状，导致外人对河南人的评价很容易流于感性，加之长期以来民众的刻板心理、从众心理、防御心理、投射心理的推波助澜，酿就了所谓"坑、蒙、拐、骗"河南人印象，甚至大有妖魔化河南人倾向。

文化性歧视因素（在根源性调查中占30%的选择比例）主要体现在传统的社会生活方式和略显保守的文化氛围上。中原文化在华夏文明中居于根源性、基础性的地位，很大程度上可以看作整个中国文明的一个缩影。从中国历史看，中原文化虽然有农业社会趋于保守、内敛的特点，但它的主调依然是开放包容的，中原大地是中华民族文明最早起步的地方。儒、道、法、佛是思想文化的四大支柱，都与河南有深厚的渊源，农耕文化最早的起源是在中原地区，裴李岗文化中就有很多新石器时代的农业生产工具，三皇五帝中，伏羲氏教人们结网捕鱼，神农氏教人们播种，大禹治水推动了农田水利事业发展。农耕文化是随着农业生产在中原地区兴起并不断发展的。追求安稳的文化心态，形成抑制创造力生长的社会心理基础；尊崇某些权威的社会伦理，成为阻碍个体自主意识与创造精神形成与发展的行为规范；重伦理道德、轻科学精神的社会风尚，影响科学精神的确立。在21世纪以创新为核心的形势下，显得河南人与发达地区人文精神格格不入。

经济性歧视因素（在根源性调查中占21%的选择比例）主要集中在河南的经济落后的客观现实上，对于河南人的歧视说到底是一种经济歧视和身份歧视。自古以来，一个地方的人受到歧视，基本上都是发生在这一地区由盛转衰、由富变贫、由中心而边缘之后。

政治性歧视因素（在根源性调查中占8%的选择比例）是指在发展政策、民主开放程度和法制社会完善程度上的水平。在经济开发政策方面，针对中国人口最多、最大的农业省份河南曾一度缺乏清晰的政策支持，从而影响了河南省经济

---

① 李海鹏. 河南人被妖魔化 10 年拒绝歧视 5 年重塑地域形象［N］. 南方周末，2006 - 02 - 16.

社会的发展及其在中国经济社会发展中应有的重要地位。

（五）外出务工青年对地域歧视所表现的应对方式

从调查结果来看，排在前三位的防御策略分别为理性对待策略、努力改善形象、无视与容忍，其中现性对待策略占第一位（42%），第二位是努力改善形象（25%），第三位是无视与容忍（23%）（见表8－9）。河南外出务工人员在对待地域歧视上，总体是呈温和偏内敛态势（见图8－4），并且和河南人的人格特征密切相关。

表8－9 地域歧视应对策略

地域歧视的应对策略	选择比例（%）	内涵与测量
无视与容忍	23	克制内心、假装没看见
据理力争	2	借机列举事实，反驳歧视命题
理性对待	42	认识到这是现实，与个人无关，不过分计较
隐瞒身份	1	隐藏自身户籍身份，或号称自己是其他地方人
主动公开身份	1	以进攻为防守，主动亮明身份
努力改善形象	25	靠行动证明自己并非很差
逃避	4	回避身份话题，或远离歧视制造者
攻击或反歧视	2	以牙还牙，反过来去歧视他人
法律维权	0	采取法律诉讼的形式保护自身

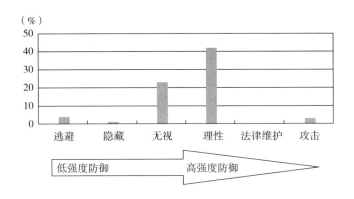

图8－4 地域歧视应对方式的占比

理性对待包括对现实的客观而所谓理性对待即清醒地认识到地域歧视存在的根源性、群体性、普遍性，进而冷静地采取"不与之一般见识"或"一笑了之"的非对抗策略。至于为什么会选择上述策略？是人格特点所决定还是另有原因？经过走访座谈发现，除了和河南人能包容宽容他人的心态有关外，更主要还是与"人在屋檐下，不得不低头"的现实性有关。

　　通过努力工作而改善形象进而消除或缓解歧视，是和河南人埋头苦干的人格特征完全一致的。由此显示出河南外出务工人员在长期承受歧视压力之下的自我救赎心态。关于这一点，也可以从外省人对河南人态度渐进式的转变得到印证。

　　关于无视策略其实就是一种鸵鸟策略，即遇到危险时，鸵鸟会把头埋入草堆里，以为自己眼睛看不到就是安全，以此回避歧视发生。对于大多数外出人员来说，采取这种策略，较其他策略来说，更多的是一种比上不足比下有余的较为安全的无奈之举。

　　值得一提的是，几乎没有一个人考虑用法律的手段来维护自己的人格尊严。这可能与目前国家相关的法律法规体系尚不完备、诉讼成本高和法律意识淡薄有关。

　　随着时代的发展，近来出现了和人们默认的"隐瞒身份"策略相反的应对策略，那就是"主动公开身份"策略，即在公开场合主动宣示自身户籍身份，以示防御或警示。这在心理防御上带有反其道而行之的反向策略意义，在运用时具有较强的震撼性，在本质上也是一种变相抗击，让外人很难接受。当然，并非任何人都能采取这种策略，凡采用这种策略的多属具有较强自我能力的人或成功人士。如著名服装模特马艳丽在其微博[①]里公开写道："我是河南人，我曾经在无数场合说过这句话，河南是我的家乡，生我养我的地方，无论我走到哪里，对家乡的牵挂和思念总是会不经意地涌上心头。这种感情无法被取代，就像记忆里家乡青麦仁清新的味道，是长留于味觉里，融进了血液中。"

五、策略性建议

　　（1）继续加强政府干预机制，并进一步通过舆论宣传手段在全国范围内树

---

　　① http://t.qq.com/mayanli.

立良好的河南形象。在此方面河南省历届领导都给予不懈努力和高度重视，并取得了很好的效果。尤其是河南省委原书记卢展工树立的河南人的"八种形象"得到广泛认可。"普普通通河南人、踏踏实实河南人、不畏艰险河南人、侠肝义胆河南人、包容宽厚河南人、忍辱负重河南人、自尊自强河南人、能拼会赢河南人"的形象正在深入人心，逐渐成为全国人民重新审视河南的新视点。同时要加强政府形象的塑造，为一方百姓做表率。一个地方的形象最重要的是政府形象，而政府形象毫无疑问取决于领导形象。开放包容、尊重规律、依法办事、求真务实的政府形象是民众翘首以待的河南新形象。

（2）借助中原经济区建设的东风，在河南倡导更为开放和文明新风尚。中原经济区建设既是实现河南经济社会腾飞的新契机，也是河南人向世人展示河南风采的窗口。作为中华文明的发源地，河南承载着太多的文化精神积淀，其中固然有很多值得传承的足以令世界震撼的文化精髓与别样的人文底蕴，但其中依然隐含着某些僵化、保守及封建余孽，甚至在一定程度上深深植入河南人的集体潜意识之中。因此，对于河南人来讲，不断地通过借助媒体、榜样示范等形式，倡导塑造与现代社会发展相适应的新型文明风范与为人处世之道，是必须要经历的心灵变革，而这场变革也将注定是长期而深刻的。

（3）建立并完善地域歧视辅导干预机制。在外出务工集中地区，建立心理及法律保障服务体系，为外出务工人员提供个体性服务。大量事实表明，包括地域歧视在内的各种社会负性刺激已成为造成外出务工人员心理健康的重要影响因素，在单独靠政府或社会干预很难去歧视化的社会背景下，建立和完善多点式、网络状心理疏导机制是非常必要的。鼓励和扶持企业引进国际先进的成熟心理辅导体系；提供绿色通道和法律保障，激励社会力量跟随外出务工人员设立非政府性、公益性心理咨询机构；在辅导进城中应尊重个人恰当的心理防御机制，及时总结并建立健康而恰当的应对方式。

（4）进一步改善外出务工培训体系。既要开展专项专业技能培训，也要引入心理素养及个体形象培训。培训是在短时间内提升素质、提供精神力量的重要途径，以往的培训多集中在专业技能方面，对心理素质的关注不够，这在一定程度上削弱了外出务工人员的心理防御的基准水平，更不利于外出务工人员的心理成长。为此，在务工者的培训上，应摒弃无视心理素质的做法，应以高起点、高标准的态度，以培养包括心理素养在内的综合型技能务工人员为目标，努力打造"河南人"品牌。

（5）鼓励并开展跨省市间的民间文化交流。文化交流是消除隔阂的有效手段，如何借助文化交流增进了解、消除歧视是值得考虑的手段。在此方面河南有天然的优势和悠久的历史，河南自古就被认为"居天下之中"，是全国重要的交通枢纽，独特的地理位置，注定了河南难以封闭自己。数千年来，河南与其他各省一直保持着密切的联系，河南地区的汉民族与各少数民族一直保持着密切的联系。在新的形势下，更应该发扬河南传统博大包容的文化优势，通过政府引导支持、民间主导参与、市场调节运作的综合化机制，扩大河南与外省市特别是发达省市的民间文化往来，进而实现地区人文融合。

附件　关于地域歧视的调查问卷

您好，亲爱的朋友。地域歧视是我们每个人都有可能遇到的问题，本次调查将了解您在这一问题上的态度及反应，每一个问题无所谓对错，请您根据您的实际选择恰当的答案（在每道题的选项上打"√"），我们将会为您保密，谢谢！

1. 您的年龄
A. 16 岁以下　　　B. 16～25 岁　　　C. 25～35 岁　　　D. 35 岁以上
2. 您的性别
A. 男　　　　　　B. 女
3. 您的文化程度
A. 小学及以下　　B. 初中　　　　　C. 高中
D. 大学　　　　　E. 研究生
4. 您的婚姻状态
A. 已婚　　　　　B. 未婚
5. 您目前的工作状况
A. 待业　　　　　B. 在外地打工　C. 在本地工作　　D. 自己创业
6. 您的政治身份
A. 群众　　　　　B. 共青团员　　C. 共产党员　　　D. 民主人士
7. 您知道地域歧视吗
A. 知道　　　　　B. 知道但不了解　C. 不知道

8. 您认为地域歧视是一个严重的社会问题吗

    A. 是的   B. 不是   C. 不好说

9. 当您听说某某犯罪团伙时，在没有其他任何详细信息的情况下，您潜意识中会不会联想到某些特定省份的名字

    A. 会   B. 不会   C. 不好说

10. 您会不会对来自不同省份的人产生先入为主的印象

    A. 会   B. 不会   C. 不好说

11. 您遭遇过地域歧视吗

    A. 遭遇过   B. 没有遭遇过

12. 如果您遭遇过地域歧视，是在哪些方面

    A. 就业   B. 升学   C. 人际交往

    D. 生活居住   E. 其他

13. 您会与一个有地域歧视的人交朋友吗（如果您恰好来自他歧视的那个省份）

    A. 会   B. 不会   C. 不好说

14. 您对于他人对您的地域歧视会如何应对

    A. 无所谓，顺其自然、保持沉默

    B. 愤怒不满，与其争论甚至发生冲突

    C. 理性对待，与其沟通，寻求理解

    D. 隐瞒或伪装自己身份，避免歧视

    E. 逃避歧视环境

    F. 寻求法律维权

    G. 自身努力，改善形象

    H. 其他

15. 您认为造成地域歧视的根源是

    A. 经济发展不平衡

    B. 自然地理条件差异

    C. 心理防御（因自卑而强调虚构的地域感来提升自己价值）

    D. 户籍制度

    E. 地域文化之间的差异

    F. 其他

16. 您认为地域歧视会对一个人造成怎样的影响

A. 严重　　　　　B. 比较严重　　　C. 一般

17. 您觉得下列哪些地域歧视对您造成或将要造成伤害

A. 大学录取地域歧视

B. 招工地域歧视

C. 择偶地域歧视

D. 居住地选择地域歧视

E. 其他

18. 您身边的地域歧视在哪些方面表现得最为严重

A. 对来自某些地区的人的脸谱化的认知（觉得这里的人都怎样怎样）

B. 对某些地方产品的偏见

C. 对于一些宗教或民族风俗习惯的偏见

D. 其他

19. 您认为地域歧视问题在将来会如何发展

A. 越来越严重

B. 逐渐淡化

C. 保持现状

再次感谢您的参与！

课题组

2012 年 12 月

第 五 篇

特殊青年群体发展

第九章 基于学校教育机制支持下的河南留守儿童发展

【摘要】在深入总结以往研究的基础上，结合大量的基层调查，认为在河南省广大的县域农村中，因父母外出打工而留守在家的留守儿童和同龄儿童相比存在较为明显的行为、情绪、人格等成长方面的问题，并且依然有恶化的趋势。针对留守儿童的发展与成长问题，一些学者和各地也提出并开始采取一系列措施进行干预，但从系统性、有效性和可操作性上还缺乏说服力。基于对学校功能的认识和运用，着重从学校功能的发挥上来展开分析，进一步探讨如何利用和拓展学校已有的教育功能，来干预留守儿童的成长问题，并明确提出在教育目标设置、教学管理、学生管理、师资建设和少团组织的五大举措。

一、序　言

河南是全国第一人口大省和农业大省，也是农村劳动力输出大省。自改革开放以来，随着每年河南省外出劳力达千万级人口流动，也带来了大量的留守儿童的社会问题。据不完全统计，在2014年，河南农村14周岁以下留守儿童总数达到高峰，共计242.75万人，占当年全国留守儿童总人数的10%。2017年由相关部门发布的《中国留守儿童心灵状况白皮书》指出，截至2017年，全国留守儿童已锐减到902万，河南的留守儿童已减少至不足90万。

所谓留守儿童，最早是指来自国内公民外出他国务工或留学而留在国内由祖父母代养的儿童，后来随着农村劳动力大量涌入城市并占据社会流动主流群体，导致来自农村的留守儿童开始增多，并逐渐成为社会关注的焦点，因此这里通常所说的留守儿童主要是指后者。这类儿童的普遍特点是受户籍、经济、居住等客观条件的限制，大多在家乡接受教育，或生活在有父母一方抚养的"单亲家庭"里或由祖父母、亲戚朋友代抚养，有的孩子甚至独自留在家中。

从社会心理和个体成长角度来看，儿童是个体发展进程中最为关键的阶段，而对于留守儿童来讲，因其在此阶段社会支持系统的缺失，面临成长历程中最艰难的挑战。这其中所面临的主要有儿童的生态学问题、儿童的社会发展及适应问题、儿童的教育及心理发展问题，其中的核心，则是农村留守儿童的心理健康问题。目前这一认识已成为学术界的共识。事实上，大量的研究也已证明，农村留守儿童在个体自尊、人际交往、学习效能等方面存在不同程度的负面表征。从这个意义上看，农村留守儿童已成为我国儿童发展中一个特殊的弱势群体，而与这一群体相伴随的教育及心理发展问题也已成为我国教育领域及心理卫生领域中极为重要的问题，也最终成为影响农村青少年发展的根本问题。

对留守儿童的教育，也是国家重点关注的事业。除社会各级各类研究机构的高度重视外，党和政府也出台了大量的支持性和保障性政策，以促进和维护农村留守儿童的发展。党的十八大以来，中央和各级政府对留守儿童的关注与关怀不断提升，有关农村留守儿童的工作取得了显著成效。2014年起，河南省政府启动农村义务教育特岗教师计划，为加强基层农村教育，加强对留守儿童的关爱和教育，提供了有力的人才保障。2017年河南省政府强力推进《五项责任关爱农村留守儿童》，强调了在家庭监护、社区支持、卫生保障、司法维护和学校教育的主体责任。2018年国务院印发《关于加强农村留守儿童关爱保护工作的意见》，其中提出"不满16岁儿童，禁止无监护独居"。这一举措大大强化了留守儿童家教监护的主体责任。2018年民政部开展了全国农村留守儿童关爱保护和困境儿童保障示范活动。

尽管经过长期努力，留守儿童的数量在不断减少，在生活上、学习上，留守儿童的发展都得到了不同程度的保障，但离党和人民的期待，离当前农村留守儿童发展的需求还相差很远。儿童是祖国未来的花朵，关系民族未来，作为儿童当中的特殊群体，维护留守儿童的健康成长，是确保当前脱贫攻坚彻底胜利，确保当前乡村振兴战略有效推进的必然要求。一是要深刻认识留守儿童教育的紧迫性。每个人都必须经过完整的生活教育，才能塑造成合格的社会成员，这当中离不开健康的家庭教育。在留守儿童身心正常发展的关键时期，缺乏父母的陪伴关爱，加之很多学校只抓文化课辅导，忽视心理辅导，使留守儿童在很多方面遇到问题。如果长期得不到疏导，容易引起各种心理健康问题。二是深刻认识解决留守儿童问题的长期性。《中国儿童发展纲要（2011~2020年）》中指出：城乡之间儿童发展不平衡，贫困地区儿童整体发展水平较低，农村留守儿童将有可能在较长一段时间作为社会弱势群体而存在。要在充分把握其发展规律的前提下，既要创新，也要稳扎稳打，在党的领导下全社会共同努力，攻坚克难，做好留守儿童的发展工作。

关注留守儿童的发展，路径较多。有的是从学校教育的特殊性嵌入入手，也有从社会公益力量的影响与支持入手，也有从加强与改善家庭链接机制入手，都形成了一定的研究成果，在推动留守儿童健康成长方面展示出独立的价值。本章认为，学校教育对于留守儿童发展具有重要的教育基础性、政策保障性、资源枢纽性作用，在所有促进留守儿童发展的手段中，居于重要核心地位。

与此同时，当前农村学校教育仍存在许多问题，是留守儿童教育与发展进程中必须积极面对的。

从政府支持方面，一些地方政府部门对留守儿童学校教育态度不够明确。虽然有些地方要进行留守儿童档案的建立，并做好统计工作，但是在对学校教育进行规范方面，并没有制定相关的规章制度，并且当地教育也没有将留守儿童教育纳入发展规划中去。从资金支持方面，学校获得的经费支持比较小。现在，我国农村基础教育经费已经有了保证，但是多数农村小学经费依然紧缺，还有些学校正常教学活动维持已经比较困难，若是再支出留守儿童的教育，学校很难负担。从教学设施角度看，一些学校的教学设施无法满足实际需要。现在很多农村学校建筑少，除了勉强满足学生上课、教师办公之外，没有其他教室可以让学生使用，很多学校美术、体育、音乐教学设备比较少，无法满足教学的需要。并且学校人均图书比较少，实验仪器欠缺，学生的实践能力很难真正提高。在教育观念上，农村教育观念比较落后，在对学校教学水平、教师业绩进行考核的时候，其标准还是学生取得的文化成绩，并且很多农村人都认为只有学生文化课成绩提高，将来才能够有一个比较好的出路。这也直接导致了学校在进行留守儿童教育的时候，仅仅重视学生成绩的提高，而对学生个性发展不够重视，在衡量学生健康成长的时候，依据也往往是文化课成绩，这也给学生全面发展造成较大的影响，给农村教育事业的发展造成较大的阻碍。

基于上述背景，结合河南省相关研究资料，本章将从学校教育支持机制体系中，探索河南留守儿童的成长与发展规律。

二、农村留守儿童的生存方式

在相关的调查中发现，留守儿童由于父母常年在外务工，留守在家由祖父母、外祖父母或其他亲戚朋友作为临时监护人，由他们照管孩子的一切，当然其中还存在家中无人看管的现象。根据留守儿童家庭状况、家庭环境及临时监护人的文化素质、年龄等诸多因素的影响，留守儿童生存方式主要有以下类型。

（一）无能为力，只管"吃"的放纵型

这部分儿童主要是在那些生活条件差、监护人监护能力低的家庭。这些人群年老、体弱、文化低、见识少、负担重。他们由于家境不富有，在家要种一大家人的田地、喂养猪牛等，他们天天忙于农活，根本就无暇顾及孩子了。他们仅仅对孩子煮煮饭、洗洗衣而已，特别到了农忙季节，连吃饭都顾不上，很多孩子就得自己煮饭或挨饿。许多孩子还承担起家里全部家务事，有时，连几岁的孩子也得下地干活儿。至于如何教育孩子，对于"听话"的孩子很满意，不听话的孩子只是说说而已。关心学习更无从谈起。对于孩子心里想的什么？需要什么？有什么感受？都一概不知或是根本没想到要关心。其实，这一现象在留守儿童家庭里普遍存在。他们的父母忙于挣钱，自己和祖父母忙于农活、家务，对自己的教育、成长都无人关心，使自己本应得到温暖、关爱的童年变为"早熟的大人"。

（二）隔代教育，只顾"给"的溺爱型

很多留守儿童都是独生子女，父母不在家，由公公婆婆看着。由于代沟所致，爷爷奶奶更心疼孩子，在家里各方面都给予"关爱"，常常是孩子要什么就给什么，宁愿自己吃苦受累，不吃不喝，也要让孩子玩好、吃好，对于生活细节不予指导或误导。出现了问题往往是包庇、怂恿，严重的说说而已。这样，孩子养成了娇气、任性，习惯以自我为中心，缺乏互助互爱体验，怕困难、怕挫折。于是孩子受家里人的宠爱，家庭教育的艰巨性由此加大。宠坏的孩子越来越不"听话"，经常对人无礼貌，喜欢惹是生非，学习懒散……

（三）寄居他家，无法管教的放纵型

农村留守儿童中，有一部分孩子是被父母寄养在亲戚家或朋友家中的。被寄居的孩子总有一种寄人篱下的感觉，因为他们毕竟不是和自己的亲人一起生活起居。他们中有一些人总感觉在亲戚家里毕竟没有在自己家里那样自由，束手束脚的，看起来胆小怕事，很本分，但一旦离开了亲戚，就像老鼠离开了猫，他们就无法无天了。也有一些孩子胆子很大，亲戚根本管不住，有的甚至跟亲戚顶撞，亲戚稍微说重了，就怀恨在心或是逃离出走，使亲戚无可奈何而不敢管教，就只能放任自流了。

（四）电话为与父母联系的主要方式

调查显示，外出务工年限在一年以上的家长合计占了六成以上，电话成为家长与留守儿童最主要的沟通方式。调查数据显示，32.9%的家长每天会和孩子联系一次，39.8%的家长每周会和孩子联系一次，21.1%的家长一个月才会和孩子联系一次，4.9%的家长每年才联系一次，1.3%的家长甚至与孩子没有联系。

三、当前农村留守儿童所面临的成长性问题

成长性问题是指儿童在其成长过程中，因教育、家庭、社会及个人等因素的作用，而导致儿童的发展中出现的成长滞后、成长缓慢、成长偏差等问题。其中涉及行为类、社会品质类、心理健康类等方面。从来自对河南省信阳、鹤壁、郑州等地相关的调查看，当前留守儿童主要面临以下问题。

（一）学习成绩低下

留守儿童学习普遍不佳，在校表现不优。进入学龄阶段的儿童一天的大部分时间是在学校度过，其主要任务是学习：学会求知，学会生活，学会做人，学会创造。但据调查，农村留守儿童群体中，小学阶段的学习兴趣还比较浓，学习成绩和在校表现都还较好，优秀的也不少。但到了初中阶段，情况就发生了变化，极少的留守儿童能表现为优秀，调查发现，初中留守儿童中学习成绩和在校表现都优秀的不到10%，良好的不到30%，学习和生活习惯都很差且行为出现问题

的儿童却占了近30%，而且在所有"问题儿童"中，留守儿童占80%。

（二）越轨现象严重

家庭教育是人生所需全部教育中不可缺少的一个重要方面，家庭教育最早最直接地影响着青少年的成长健康与否。调查中发现，农村留守儿童由于缺乏父母的有效监管，生活习惯和行为习惯都不好。在家里，他们不讲究个人卫生，早上不洗脸漱口就吃饭，晚上不洗脚洗澡就往被窝里钻。在学校，他们的学习没有计划，没有兴趣，拖欠或不交家庭作业现象严重，不遵守校纪校规，自由散漫，迟到、早退、旷课现象经常发生；调查显示，有25%的留守儿童被老师和同学提到存在有攻击、退缩或违纪等行为。在社会上，他们缺乏礼貌待人的常识，他们中抽烟的有，赌博的有，打架的有，酗酒的也有，沉迷于网吧的更是不乏其人，还有谈情说爱的，有些甚至还发生了性行为。

（三）心理问题显著

通过以往的大量调查研究发现，虽然并非所有的留守儿童都存在心理问题（李永鑫，2008），留守儿童也是一个分化的群体，其中既有适应不良的也有适应良好的。另外，赵景欣等（2007）研究发现：留守儿童与非留守儿童虽然在生活事件总分上存在显著性差异（$t = 2.06$，$p < 0.05$），但在焦虑、抑郁、偏执、适应不良、情绪失衡、心理失衡及自尊等心理健康指标上，留守儿童与非留守儿童均无显著差异。但以上结论也只是在环境条件有所改善以及建立亲情偿代关系的基础上一种积极的转变而已，就常规条件下而言，留守儿童所面临的心理问题已超出了正常环境下的儿童的心理健康均值。这已从大多数的研究以及现场观察得到证实。总结众多研究，虽然从临床标准上还不足以构成严格的心理问题，但却存在以下不良心理倾向：

（1）情感问题：情感脆弱、抑郁焦虑倾向、暴躁、自我封闭。

（2）学习意向问题：学习意识淡薄、读书无用论、逃学厌学。

（3）行为问题：自控能力差、乱花钱、自由散漫、夜不归宿及上网等不良行为习惯，个别儿童有攻击并走向犯罪倾向。

（4）性格问题：性格有孤僻、内向、逆反倾向、易走极端。

（5）亲子关系问题：亲情观念淡薄、冷漠心理、父母"背影"模糊。

从心理健康问题的人口分布及症状分布看，留守儿童在地域上是分布不均的。利用2000年人口普查资料，段成荣等（2005）提出以下分布结果：①留守儿童主要分布在农村，在全部留守儿童中，农村留守儿童所占比例高达86.5%，城镇留守儿童的比例仅为13.5%。②留守儿童高度集中分布在包括河南在内的中西部地区。在年龄维度上也是分别不均的，根据全国妇女联合会2008年的调查发现，如果将儿童按年龄划分的学龄前（0～5周岁）、小学学龄（6～11周岁）、初中学龄（12～14周岁）和大龄（15～17周岁）四组中，各组所占全部农村留守儿童的比例分别为27.05%、34.85%、20.84%和17.27%。在心理问题的特征表现上也有其特殊的分布，经查询得知有近60%的留守儿童存在心理问题，而其中有近65%的留守儿童不愿与人交往；30%的留守儿童憎恨父母。另外，周林（2006）就留守儿童的性格现状作了一系列调查发现，留守儿童在性格上也存在一定缺陷（见图9-1）。

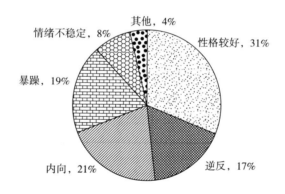

图9-1 留守儿童性格特点调查

资料来源：周林（2006）。

四、原因分析与讨论

在对原因的分析上，一些学者（申继亮，2008）采用早期的发展理论家所采用的 Watson 所创立的单向因果模式（Unidirectional Causality）来看待环境在个体发展中的作用。也有学者采用了经典交互作用论（Classical Interactionism）来解释留守儿童对环境适应积极的方面。与单向因果模型不同，该理论强调个体与其所处环境共同构成了一个整体的系统，在这个系统中，个体是一个积极的、有目的性的行动者，并非简单地被动地接受，且个体与环境之间的关系也是相互的，而不是单方向的。还有学者采用了美国心理学家 Bronfenbrenner（1979）提出的人类发展生态学理论对环境与个体发展的关系进行了系统、深入的阐释。他认为，儿童的发展是一个以自身为主体，与周围环境系统相互作用的过程。综合来自各方面的研究，以上成长性问题产生的根源主要源于以下六个方面：

（1）生活状况不尽如人意。如生活质量不能得到保障；由于代理监护人的原因而造成的生活待遇不够公平；同时由于父母的外出而造成的留守儿童劳动量偏大。

（2）情感缺损。由于缺乏和亲生父母的直接沟通和互动，造成了亲情缺失或"情感饥饿"现象；缺乏交友意向且易走入误区；因监护代理人的漠视而造成留守儿童的情感沙漠和情感真空。

（3）社会环境的不利。如缺乏有益的文化活动氛围；到处充斥的赌博、网吧等场所；网络游戏、色情影像、黑社会势力时有侵入。

（4）安全保障不力。如监护不力；法制环境不健全不稳定等。

（5）学校教育和监管不力。主要有农村学校因教育资源及教师教育意识的匮乏而造成的教育系统性、针对性措施的缺失；同时疏于对留守儿童心理健康教育与维护。

（6）监护人自身因素有欠缺。主要表现为监护人责任意识不强，监护目的不明确，监护精力跟不上，监护人自身素质不高。具体反映为监护人往往从身体健康方面考虑问题，重吃饭穿衣轻学习教养；重身体健康而忽视心理健康和全面发展；忽视儿童良好行为习惯的养成；不知道从心理上来照顾儿童，不知道从法律、安全、卫生知识等方面教育他们，也不能在学习上给予帮助和指导，从而使留守儿童的教育从根本上就失去了重心。

五、探索基于学校教育支持的多元干预措施

一些专家学者从社会方面、社区方面、学校方面、家庭方面都做了详尽描述，提出了很有价值的建议。在这里，将主要从学校干预的角度来总结所提出的措施。这方面最具代表性的是来自四川的学者周林于 2007 年经调查后提出的政

策性建议，具体包括以下四点：①进一步加强基层学校的建设，优化教育资源配置。②提高广大教师服务儿童成长的教育意识，强化心理健康教育素养。③建立健全农村学校心理健康工作体系；延伸学校的教育功能，建立与社会团体各区域的广泛协作，关注留守儿童闲暇时间的教育。④建立寄宿制学校，创建良好成长氛围，培养留守儿童良好的自我管理能力。令人可喜的是，上述建议已经逐步开始实施，有些措施已开始产生良好效应。

　　留守儿童心理健康的学校干预机制是指通过全方位地借助学校基础教育的功能和平台，对留守儿童的心理健康问题给予关注、疏导和矫正的体系，对于处于学龄时期的留守儿童来说，它是众多心理干预中的一个重要途径。这一途径之所以有效将基于以下理论的确认。首先，从行为主义角度来看，这种有效性是通过有组织有控制的外界刺激来实现的。其次，从生态学角度看，这种有效性则是通过调动社会及学校资源长期综合作用的结果。最后，从生物学角度看，这种干预的有效性是遵循儿童身心发育的规律来实现的。令人遗憾的是长期以来，学校以教学工作为主要任务，教师队伍结构、教育管理、教育资源配置等均是围绕课堂教学工作展开，特别是围绕着学生的学业成绩为目标而展开的。如此单调的学校教育结构和功能，已不能适应国家素质教育的发展战略，更不能解决目前困扰留守儿童的心理健康问题。令人稍感欣慰的是，一些学校已开始主动探索充分发挥或拓展学校教育功能的手段。经过深入河南省的一些地区学校（信阳、周口、新乡等地）的基层调查，在河南省的一些学校开始并逐步摸索出一系列留守儿童心理健康学校干预的方式方法。现总结如下：

　　（1）在全体教师中大力提倡爱心教育。留守儿童的成长中存在问题的根本原因是父母的外出导致家庭监护不利，从而造成儿童与父母间的亲情缺失。因此在学校全面贯彻和渗透爱心教育，全面树立教育服务社会、服务留守儿童的思想，彻底改变传统的"教书匠"形象，逐步向教育服务型和人性型转变将十分必要。在河南省的许多地方不约而同地出现了其他类似模式，而且在实践运用中取得了较好的效果。

　　（2）建立依托学校教师资源的模拟家庭。由老师和留守儿童在学校课余时间组成，主要通过承担一般家庭的情感表达、释放；家庭伦理教育及家务工作的分配与完成等来体现。教师主要扮演"父母"的角色。

　　（3）充分发挥学校共青团和少先队组织的作用，动员学校教师、家庭条件好的学生、社会力量以及暑期大中专学校的"三下乡"青年学生与留守儿童结对子。

（4）定期开展亲情课及心理健康辅导课。在学校各科教学中，利用学科教材中的人文因素对留守儿童进行亲情教育；通过通信媒介和网络适时地开展与父母的直接对话，实现亲情沟通；开展主题班会。在心理健康辅导课方面，非常注重情绪健康、认知健康和行为健康方面的引导和培养，集中解决留守儿童普遍存在的心理问题。

（5）建立留守儿童档案制教育体系。学校应该根据留守儿童的实际情况进行留守儿童档案的制定，对留守儿童进行动态性的管理。进行专门德育教师的配备，让德育教师更好地和学生进行交流和沟通，这样能够帮助留守儿童养成好的学习品质、生活习惯，对于留守儿童的人格健全是非常重要的。通过档案的制定还能够对每个留守儿童成长的特点以及个性进行全面的分析，找到其成长存在的问题和不足，找到理性的问题解决策略，进行可行性较强的发展目标的制定。通过这些针对性比较强的活动，能够将留守儿童成长过程中存在的问题暴露出来，进行问题整合，可以给将来留守儿童学校教育计划的制定提供一定的依据，从而真正做好留守儿童的教育。建立专门成长档案，有利于规范化管理，教师可随时利用档案逐一分析他们的性格、特长以及心理特征，因材施教。在河南周口西华县城关镇中心小学及安阳滑县小莆乡中学，先后于2007年4月和7月开始，针对留守儿童的人口学资料、家庭成员状况、个人的生理及心理状况、监护人情况等建立了较为详细的档案库。有些学校又将档案分为基本情况卡、问题档案、成长档案三种类型。

（6）设置专门的心理辅导站。除在学校课程体系上开设心理健康课以外，学校还应设立心理咨询室；针对留守儿童建立健康档案（见表9-1）；建立专门处理问题较为突出的留守儿童；设立知心姐姐信箱；开展心理素质拓展训练。在此方面新乡辉县南村乡中心学校（完中）、信阳浉河乡小学均得到了校领导的高度重视并取得了较好的效果。

表9-1 学生心理健康档案

姓名：李某　　班级：四年级一班　　班主任：宫某　　　　　　编号：×××

患者	李某
"患病"过程	××日，课后在街道上踢球，砸毁店铺玻璃，并和商店人员有争斗
病因	性格多动，品行问题
诊治方案	培养良好的行为习惯

患者	李某
具体措施	（1）与之沟通，建立信任关系 （2）介绍做人的道理，文明礼貌知识 （3）引导有益活动，鼓励其有益的兴趣爱好 （4）强化措施
效果	通过近一个月的引导，李某在行为上有很大收敛，开始注重礼貌待人，能积极参加体育活动和公益劳动活动，有明显变化

（7）建立监护人培训体系。由于大多数留守儿童长期与隔代或上代代理监护人生活在一起，而这些监护人的监护能力普遍弱化，因此发挥学校的组织及教育功能，对留守儿童的监护人实施定期培训十分必要。在周口太康县独塘乡学校，学校定期对监护代理人进行培训，进一步帮助他们掌握儿童生理心理知识、教育方法学知识以及安全保障知识等，从而有利于对留守儿童的呵护。

（8）在学校全面落实德育的首要地位。由于长期的脱离父母及家庭的束缚，留守儿童大量存在一系列的品行问题。因此，加强留守儿童的养成教育，树立留守儿童自强不息的精神将显得十分重要。周口市红旗小学在学校广泛开展上好每一节品德教育课的活动，充分利用传统节假日，组织开展生动有趣的思想活动；利用儿童身边的典型故事教育他们；共青团信阳团市委通过建立德育基地，组织留守儿童参加各类思想教育活动及社会公益活动，培养良好的行为规范和社会道德意识。

（9）建构良好校园文化。校园文化是影响在校学生心理风貌的持久而稳定的环境因素。在走访的许多学校中，很多学校都给予了充分的重视和制度保障。在实施过程中，主要通过舆论宣传、爱心活动、榜样示范等具体形式展开。

（10）尝试寄宿制教育的建立。在信阳固始县城关镇学校专门就留守儿童于2008年9月设立了寄宿制管理体制。这一局部寄宿制学校的建立，为留守儿童创立了便利而广阔的生存生活空间，也为在留守儿童家庭教育缺失的情况下，学校和教师的教育功能得到充分发挥奠定了基础。学校通过加强寄宿管理，让留守儿童在教师的严格监督、细心关照下，在同学伙伴的关心、帮助和亲密支持中健康成长，减少其缺乏管理与失控的时间和空间，不断养成良好的学习生活习惯，同时在丰富多彩的学习生活中享受像家一样的快乐和幸福。

六、努力打造适宜留守儿童成长的农村学校教育体系

从以上讨论可以看出，农村留守儿童教育是农村教育体系中不可忽视的重要组成部分，在未来一段时期内将长期存在，在实现国家教育总体目标的基础上嵌入留守儿童学校教育机制或体系，势在必行（见图9－2）。

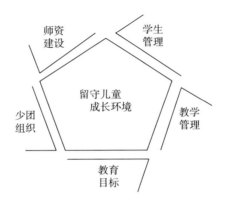

图9－2 留守儿童学校教育机制

（1）在教育目标设置上，应真正全面落实国家关于德智体美劳全面发展的总体要求，强调心理素质的强大和品德意志的提高，从而奠定留守儿童心理健康的人格和行为基础、确保心理健康发展的方向。

（2）在教学管理体系中，加大心理健康课、亲情互动课的比例；同时在所有学科教学中渗透亲情教育因素，从而能最大限度地保护和唤醒儿童的亲情意识，进而主动地调节自己的行为以便于和环境相适应。

（3）在学生管理方面，加强课外心理健康辅导，建立健康档案，开展有益的心理拓展活动，有针对性地解决个别学生突出的心理问题。同时，创造条件尝试局部留守儿童学校寄宿制管理，为他们营造一个和谐、稳定、安全的成长环境。

（4）在教师队伍建设上，大力强化亲情教育意识和服务教育意识。通过教育的情感植入、模拟家庭等活动，主动深入学生中去，缩短和留守儿童的心理距离，增强留守儿童的内在心理力量。

（5）充分发挥学校少先队组织和共青团组织的组织功能和外联作用，创设良好校园文化氛围；动员广泛的社会力量，通过"结对子""大学生社会实践活动"、校外"德育教育基地"活动等契机，积极地参与到关心和帮助留守儿童的活动中，从而为留守儿童营造出更宽广的成长空间。

第十章　2009 年河南省"民企二代"思想状况的调查研究

【摘要】通过问卷和座谈方式，对河南省近 300 名"民企二代"的思想状况进行全面的调查与研究。结果显示，河南省"民企二代"总体上正处于从企业继承的准备阶段向企业接管阶段转变的过渡时期，对自身的发展与角色有良好的认同，具备良好公民的素养特征，注重自我、崇尚个性，人生及社会态度积极务实。但在政治思想观念、人生价值领域依然存在隐患或误区，同时又面临来自企业发展、个人成长及政策环境等方面的诸多压力。为此，增强政策性支持与引导、完善政府与企业沟通机制、树立包括共青团组织在内的全社会对民营企业的服务意识、创建良好的成长环境、引导社会舆论树立积极而健康的"民企二代"形象对于"促进民企二代"及其事业的发展具有重要意义。

一、问题的提出

1. 关于"民企二代"诞生的意义与界定

从 20 世纪 80 年代开始，随着中国社会改革开放的不断深化和社会经济的高速发展，诞生了先富起来的第一批民营企业家，他们以惊人的力量，创造并拥有了巨大的财富。在 2004 年中国财富管理论坛上，据全球最大投资银行之一美林集团发布的报告显示，中国大陆的千万富翁接近 24 万人，以跃居为亚洲仅次于日本的财富聚积地。截至 2008 年底，据国家有关部门统计，中国的亿万富豪超过 1.8 万人；千万富翁有 44 万人，百万富翁人数约占人群总数的 3.3%。在经济较为发达的浙江省，每 18 个人中就有 1 个民营企业老板，每 2 个人中就有 1 人在民营企业从业,民营经济比重超过70%,创造了令人称奇的"浙江现象"。据河南省工商部门不完全统计,截至2006年底,河南省注册的非公有制企业已达13万多家,实现增加值6977.51亿元,从业人员达589.47万人。截至2008年底,河南省非公有制经济规模以上工业增加值占全省的63%,民营企业在河南省整个国民经济中已完全占据着半壁江山。如果按照正常的家族代际传承,那么有资格成为"百万富翁"乃至"千万富翁"的新中国"民企二代"将成为中国经济领域中不容忽视的社会群体,其数量也将成为我国新社会阶层重要组成部分。据中共中央统战部2007年披露的数据,包括"民企二代"的新社会阶层大约有5000万人,加上在相关行业的所有从业人员,总人数约1.5亿人。

作为一个特定的社会标签,它的存在必然有典型的社会特征做支撑。与父辈相比,在年龄分布上多属"70后"或"80后"青年,具有鲜明的时代特征,加之他们特有的家族经济背景,特别是近来在全国各地发生的一系列与"民企二代"的焦点事件,使"民企二代"作为社会的一个阶层逐步进入公众的视野。早些时候,人们称为"富二代",据说最先是从2007年12月的一期《鲁豫有约》节目中提出来的,当时把"富二代"描述为继承过亿家产的富家子弟,学术上许多人也采取了这种流行的提法。从本意上看,"富二代"和"民企二代"没有本质的区别,但遗憾的是,"富二代"这一提法本身带有浓郁的情绪色彩,并明显夹杂了一些仇富的心态。因此,从客观和中立的立场出发,本章将采用更能反映其本质的概念,即一律采用"民企二代"的提法。当然,"富二代"与"民企二代"所涵盖的内容是有一定区别的,"富二代"所代表的群体主要以财富为标志,而"民企二代"更多的是以其所承担的企业经营与管理角色为标志,前者包含的对象要比后者多。鉴于此,结合河南省省情,本章所涉及的"民企二代"为规模以上民营企业第一代民营企业家的子女。

2. "民企二代"的研究综述

由于"民企二代"产生的区域差异性(多发生于经济发达地区),以及公共社会视野的聚合性,截至目前,真正全面而客观的学术性研究并不多见。从现有的描述性研究中可以看出,多集中在"民企二代"的产生根源、群体特征、社会评价等方面上。

从产生根源上看,祝建华(2009)认为,"民企二代"的产生与"民企一代"的产生直接关联。众所周知,改革开放的过程也是中国社会经历了一场深刻的社会变革过程,整个社会完成了计划经济社会向社会主义市场经济社会转型、农业社会向工业社会转型、乡村社会向城镇社会转型以及价值单一性社会向价值多样化性社会的转型。正是这种特有的社会环境，为"民企一代"以及"民企二代"的产生培育了良好的社会土壤，奠定了坚实的社会基础。作为抢占先机和先富起来的"民企一代"，为其下一代的发展创造了良好的氛围。于是"民企二代"与同一年龄阶层的青年最大的不同，就是他们不需要经过努力就可以坐享其成地拥有大量的物质财富。社会阶层的不断分化又加速了"民企二代"的形成（于咏华，2007）。祝建华（2009）还认为，中国的"民企二代"的产生还与中国的儒家文化特别是"家本位"文化密切相关。家族企业的继承模式，以家族创业者为核心，根据家族亲缘关系的亲疏远近组成差序格局管理体系等观念和行为方式，是造就"民企二代"甚至"三代"的隐性环境。

从群体特征上看，更多地集中在对财富特征及行为特征的研究上。从社会学角度看，由于"民企二代"与"民企一代"所特有的血缘继承关系，他的财富特征是一种先赋特质；而作为一名充满自然人性的个体来讲，他又是自主的。因此，"民企二代"始终生活在他人的期望与自我的叛逆冲突之中，"民企二代"的角色期望主要来自其父辈。作为第一代创业者和中国富裕起来的家族企业的主导者，在他们创业的后期，期望其子女能够继承家业，能够按照他们的思路来经营、管理企业。最后按照"民企一代"的期望走向管理者和继承人的位置。然而，很多"民企一代"对"民企二代"的这种角色期望往往不能完全实现。在许多民营企业中，父辈与子女之间普遍存在激烈的思想文化冲突和观念冲突。

在行为方式上，"民企二代"基本能认同自己的社会角色，并在这种自我意识的基础上，专注于其所属的群体成员的关系（而这又恰恰是造成社会评价偏差的一个重要原因），进而形成小集团，自然而然，所谓"富二代"的称谓或标签也就赋予了"民企二代"。与此同时，由于2009年5月胡斌飙车案的发生，一些专家开始质疑"民企二代"的道德反省能力及社会责任感，甚至认为"民企二代"是"垮掉的一代""脑残的一代"，但也有人认为上述因缺乏实证结论尚不充分。

在众多的研究中，更能引起大家关注的是公众社会对"民企二代"的评价上，这也是目前的社会焦点问题。在公众眼里，"富二代"与醉酒超速、威胁记者、殴打行人、炫富斗富联系起来，公众似乎更倾向于挞伐"富二代"的种种恶行，对"民企二代"能否真正顺利接过"民企一代"的班？在优越环境下成长起来的"民企二代"是否具备良好思想品德及社会责任感？炫富心理是否真的在"民企二代"内心作祟？产生了广泛的质疑。

3. 以往研究存在的问题及现实需要迫切回答的问题

综合以上的研究不难发现，对"民企二代"的研究已引起了社会广泛关注，初步形成了一些问题的结论及研究的框架。但从整体看，对"民企二代"的研究在深度及广度上还远远不够，如"民企二代"的生存环境与其成长的关系问题；"民企二代"的教育（含家庭教育）与其成长的关系问题；"民企二代"价值观问题；"民企二代"与其民营企业发展的关系问题；"民企二代"与中国经济与社会发展的关系问题等都需要进一步的研究。特别是随着中国经济发展的模式不断发展，民营企业在我国经济体系中比重的提高，全方位多层次地探索"民企二代"的产生与发展规律已刻不容缓。

本章将通过问卷调查及走访座谈的形式，在以往研究的基础上主要就河南省"民企二代"有关其成长的社会环境、价值观问题及与民营企业的发展关系问题上做出进一步的探索。

二、研究方式方法

本章研究采用问卷与访谈相结合的方式进行。

其中问卷调查对象样本为河南省规模以上的民营企业的二代企业家，由各地共青团系统和工商联系统，面向符合条件的人员作随机抽样调查，全省发放问卷数量为300份。问卷为封闭性设计，包括四个部分：一是基本人口学资料调查；二是对民营企业的态度、意见、感觉等调查；三是人生态度价值观的调查；四是生活方式偏好的调查。

在访谈过程中，主要选取有代表性的二代企业家座谈，主要问题仍然围绕着问卷展开，同时补充一些深层思想方面的问题。

在对调查的结果分析上，采用定性和定量分析相结合的策略。特别指出的是，在数量对比分析时，均经过统计学意义的差异显著性标准检验。

三、结果分析

本次发放问卷共计 300 份，覆盖河南省 18 个地市近 300 个规模以上民营企业，收回问卷为 260 份，其中有效问卷为 210 份。本次走访对象为 15 人，分别为来自郑州地区、安阳地区、南阳地区的"民企二代"。

1. 基本情况分析

（1）行业分布。在行业分布上，根据问卷数据反映，结合河南省民营百强企业的行业分布看，民营企业的行业分布如图 10-1 所示（企业如果为综合性企业，则以其所涉猎的产业分别计算）：房地产 30%；矿山及金属冶炼 10%；食品 8%；医药 7%；能源 6%；其他 39%。

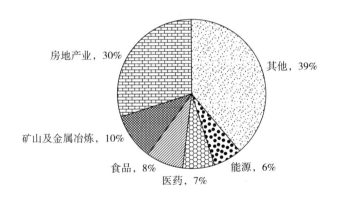

图 10-1 河南省民营企业行业分布

（2）年龄及性别分布。本次调查所涉及最小年龄为 13 岁，最大年龄为 41 岁，平均年龄为 29.68 岁（标准差：3.03）。性别分布：男女比为 1∶0.7。可以看出，本次调查所涉及的对象总体上是"70 后"青年，且女性"民企二代"几乎占据半边天。

（3）学历及所学专业分布。在学历分布上，如果按高中及以下、大学专科、大学本科、研究生以上顺序排列，它们分别占总调查对象的 8%、25%、59% 和 8%。换句话说，大专学历以上的占所有调查对象人数的 92%。在专业分布方面，调查参照了我国大学学科分类标准，列举了经济类等七大类专业（见表10-1）。在出国留学方面，只有 14% 的人有留学经历。

表 10-1　河南省民营企业二代所学专业分布情况

专业类别	管理类	文学类	经济类	理学类	工学类	法学类	农学类
所占比例（%）	45	22	10	9	8	5	1

（4）政治面貌分布。调查所涉及政治面貌分别为中共党员、共青团员、民主党派、群众四类（见表 10-2）。可以看出中共党员占据了相当的比例。

表 10-2　河南省民营企业二代政治面貌分布情况

政治面貌	中共党员	共青团员	民主党派	群众
所占比例（%）	48	25	8	19

2. 自我评价及其社会态度

问卷第三部分的前三题，采取的是投射式测验策略，分别就当前的"富二代"现象及群体特征提出了问题，以探测调查对象的自我评价取向。结果发现，"民企二代"对自身的认识总的来说呈现积极的认同态势。在对"民企二代"这一社会角色的评价上，赞同"民企二代"具有"较好的发展基础"和"注重自我、个性张扬"特征的人数占 61%；在对"民企二代"群体的认识上，认为"民企二代"群体是"潜力较大的群体"的比例高达 58% 和"其他青年群体一样"的人数占 32%。在走访座谈中，也印证了上述结论，一些"民企二代"很乐于接受"富二代"的称呼甚至为之感到自豪，认为没有什么不妥。值得注意的是，在对待"炫富""宝马车撞人"事件的评价方面，所持立场呈两极分化状态，认为是个别现象的占 48%，认为是群体现象的占 35%，其他如"新闻炒作""公众仇富心理""无所谓"的选择各自所占比例均小于 10%。这也许反映出"民企二代"在自我认同中的矛盾或冲突的一面。

如何看待父辈应该是更深层的自我意识表达，在此方面，"民企二代"表现出强烈的英雄式认同情结。对父辈成功的原因评价上，明显地倾向于内归因式评价策略，认为父辈之所以成功是因为"能力强，会经营"的占 67%、"依靠政策致富"的占 29%，其余各因素均不足 5%。在表达对父辈成功的感受时，共有 66% 的受试者选择了"自豪"和"崇拜"，但是仍有 21% 的"民企二代"选择了"压力"，这也反映出他们与父辈之间的冲突与矛盾。

在一些重要的人生理念和行为规范上，"民企二代"也表现出其特有的精彩一面。

（1）在人生应该追求的是什么的问题上，"健康""知识""家庭"几乎并列地排在了第一位（权重比占27%），其次分别为"理想"（26%）、"金钱"（24%）、其他（23%）。

（2）在日常的行为规范上，"民企二代"表现出良好的品质特征：绝大部分"民企二代"能自觉地遵纪守法、维护公共卫生和公共秩序；同时几乎所有"民企二代"都参加过不同形式的慈善公益活动，其中"赈灾救灾"这一形式的活动居首。

（3）在怎样看到个人与集体的关系上，与我国的社会主义主导价值观完全一致：近乎绝大部分受试者选择了"集体利益至高无上，个人应服从集体"和"集体利益和个人利益根本上是一致的"。

（4）在青年的社会责任感方面，"民企二代"普遍认为当今青年的社会责任感正在"减弱"（占92%），而"减弱"的主要表现为"艰苦奋斗精神淡化、团结协作观念差"（占43%）和"理想信念模糊、过度追求个人利益、诚信意识淡薄"（占22%）。在座谈中，许多"民企二代"强烈地表达了"爱心、责任和勤奋"价值取向。

（5）在对待是否弘扬民族精神和坚持爱国主义立场上，选择"非常重要"（占57%）或"非常同意"（占69%）。

（6）在是否坚持社会主义理想方面，出现了一些分化。认为"很有必要"（占43%）已经不居绝对主导地位；有相当多的"民企二代"选择了"重要但不必要"（占39%）。

（7）在如何看待当前的社会焦点问题上，"民企二代"最关心的是"改革开放"问题（占36%）、"社会稳定问题"（占35%）、"经济复苏问题"（占16%）、"个人收入"问题（占13%）。大部分认为当前影响社会稳定的最大因素主要是"收入分配不均"（占20%）和"贪污腐败"（占17%）；认为社会上的"仇富心理"是个别存在现象（占44%）。

3. 职业发展与企业发展

问卷显示，在个人职业生涯发展上，"民企二代"已基本完成了对自己的职业规划并逐步开始实施。在对未来事业和人生规划是否明确的回答中看到，已经"明确"的占41.6%，"还在规划"的占43.1%，"走一步说一步"的占13%，

"迷茫"的占2.3%。在选择自己的职业方向时,排在前三位的职业分别是企业管理者(占47%)、公务员(占36%)、自由职业者(占17%)。

"民企二代"在是否已继承父辈的产业并开始自己的职业生涯方面,主要分为完全继承型、合作继承型、自主创业型和准备继承型四种类型。所谓完全继承型即指已完全接管了父辈的产业并开始主导整个企业的发展,这种情况在"民企二代"中属于极少数(占调查对象的1.7%);合作继承型即指尚未完成接管,只是处在一种过渡期,处在企业较高级管理层中,以"父子兵"的关系共同经营着企业,这其中有父亲是董事长、儿女是总经理的组合较多(当然也有儿女是董事长、父辈是总经理的组合),这类合作继承型的情况占整个"民企二代"40.02%;所谓自主创业型即是相对地摆脱了父辈的企业体系,开辟新的经营领域或产业,这种情况在整个"民企二代"中占据着主流地位(45.28%);而所谓准备继承型主要是指由于年龄、资历及能力的原因而尚未接触到父辈的产业体系,但又有继承打算的类型,这一类型在整个"民企二代"中也占有相当的份额(13%)(见表10-3)。

表10-3 "民企二代"继承产业状况

继承产业类型	完全继承	合作继承	自主创业	准备继承
所占比例(%)	1.70	40.02	45.28	13.00

无论是否继承了父辈的产业,在问到如果让他们重新选择行业时,"民企二代"多集中在科技类、网络通信类、能源类三类行业上。

在问及所面对的成长压力时,"民企二代"主要面临"知识结构难以满足事业的需要"(20.3%)、"家庭与工作存在矛盾"(17.6%)、"精力及身体健康状况不佳"(15.4%)三座大山的压迫。他们中的大部分(69.9%)"非常关心"自身的学习与进步;"非常希望"(71.8%)继续提高自己的学历;并且希望在"金融、法律知识"方面(57.9%)、"外语"方面(35.5%)、"人际关系知识"(13%)等方面获得提高。

在企业经营方面,家族式的管理模式占据了大多数(近90%民营企业带有这种成分),当然,随着企业的发展,他们中的大多数(63%的企业)引入了股份制管理体系。这一点已从他们所推崇的"私人股权融资"方式上表现出来。

在谈及影响企业的发展因素时，几乎占90%的"民企二代"都非常看中或比较看中政府部门对企业的服务态度和质量，在宏观政策上，尤其关注国家对企业的税收政策、工商管理政策及融资政策。从目前企业与政府的沟通渠道来看，大多通过工商联或商会、个人渠道及新闻媒体这三种渠道进行。

值得注意的是，大多数"民企二代"虽然对河南省的未来经济发展充满信心，但在自身企业的发展上却表现出谨慎的态度。在对民营企业未来发展前景的预测这一问题上，"发展后劲大"这一选项并不高（占整个受试者的9%），而选择"逐步进入规范化轨道"的比例高达67%，另外还有相当比例的受试者选择了"管理落后"（15%）、"需要改革转型"（9%）。在问及企业的融资意向时，大部分"民企二代"（合计占72%）选择"没有"融资意向或"已经融资"，这也印证了当前民营企业无论在现实的条件上来看，还是发展动力上来看，均遇到了较强的瓶颈制约。归结原因时，多涉及了目前国际国内的宏观经济形势的动荡，以及政府职能机构对企业的服务意识的欠缺及程序的烦琐所造成的消极影响上，同时也对政府在税收政策、工商政策及融资政策等方面提供进一步支持的良好期待。

4. 生活方式取向

"民企二代"的生活方式是整个社会关注的焦点，一段时间以来，"民企二代"几乎可以和"奢华浪费""骄逸放纵""不思进取"画等号。在本调查中，这一问题也引起了很大的争论。

问卷调查显示，在日常生活消费方面明显超出一般人群的消费水平（见表10-4），平均月消费支出在5300元左右。主要用于"满足个人的爱好需要和精神享受"及"交际、人情方面"的开销上。调查中同时发现，月消费水平和所处地域有明显的相关，郑州和新乡地区的消费水平要高于其他地区。

表10-4　"民企二代"月消费支出分布情况

消费区间（元）	2000以下	2000~5000	5000~10000	10000~30000	30000以上
所占比例（%）	0.7	70	20	9.3	0

在问及最崇尚什么样的生活方式时，排在前三位的价值取向分别是"崇尚个性发展，实现自我价值"（37.2%）、"刻苦学习、工作，成为事业上的强者"

（34.9%）、"老老实实办事，清清白白做人"（18%）。这反映出整个"民企二代"一种积极的事业型价值取向，同时又不乏当代青年的时代特征。

在问及日常的交往方式方面上，"民企二代"的人际圈多集中在政府部门、相关公司和自由职业者三个领域。他们当中几乎100%的人有参加过网络飞信、QQ群等网络交往活动；而在现实人际交往的渠道上，更倾向于"联谊座谈""朋友聚会"和"参观访问"等活动上（合计占73%）。有关此方面的探讨在座谈中表现得更淋漓尽致，有相当多的"民企二代"都不同程度地呼吁政府或社会民间组织多为他们创立正常沟通交流的机会和平台，以满足他们的自身成长和企业发展的需要。

5. 有关共青团的认知

共青团是最广泛也是最有影响力的青年组织，作为青年时期的"民企二代"，自然应该是这一组织的成员。但从调查中显示，具有共青团身份的"民企二代"在整个调查对象中所占比例只有25%，远低于正常的预期。值得注意的是，在谈及对团的活动综合印象时，出现两极化态势：选择"活动数量不多""活动组织得不好"合计占39%，而选择"比较满意"的占36%，选择"没有什么看法"的占24%，选择其他的占1%。

在期望团组织开展的活动选择方面，最希望开展的活动主要是组织"专业外其他技能的学习与培训"，最喜欢的活动载体形式的前三项分别是"网络聊天""互动式交流"和"实践体验活动"。

四、结论及政策性建议

（1）进一步加强政策性支持和引导。政策始终是企业发展的重要推手，我国经济发展史证明，经济的成功实质上也是政策的成功。随着我国经济向纵深发展，国民经济体系的结构发生了很大的变化，民营经济在我国国民经济的比重日益提高，由此而来的经济发展政策必然要做大的调整，特别是随着目前国际国内经济发展形势的急剧变化，不断调整相关经济政策将非常必要。在具体的实施过程中，政府可以通过金融、税收等方面的优惠措施对企业行为加以影响，以此创造所要实现的"适当的规模与有效的竞争"目标。

（2）完善政府与民企的沟通机制，增强全社会对民营企业的服务意识。由于历史和市场的原因，民营企业与政府的关联度要比国有企业弱得多，但并不等于民营企业不需要政府的扶持，恰恰相反，在我国特有的市场经济体制下，民营企业更需要政府的支持。在此方面，"民企二代"普遍感到欠缺，具体表现为沟通不畅、办事烦琐、政策执行有阻力或不到位。为此，鼓励并大力拓展更广泛的、更有效的民企与政府沟通渠道势在必行。

（3）努力发挥共青团组织服务青年的组织网络优势，积极营造民营企业家交流与发展的空间。共青团是服务青年健康成长的强大而有效的组织机构。根据调查显示，"民企二代"在建立沟通、自我成长与学习方面有强烈的需求，而共青团组织恰恰在这方面是可以有所作为的。为此，充分发挥共青团组织的组织优势、政治资源优势，积极开展旨在提高"民企二代"思想政治水平的各项活动，努力为青年企业家营造良好的成长空间是共青团的价值体现，也是责任所在。

（4）改善舆论导向，树立积极健康的"民企二代"形象。针对目前社会对"民企二代"或"富二代"所引发的歧义及争议，应当全面、客观、公正地进行分析和评价，切莫误读。调查显示，"民企二代"除生活方式的某种特殊性外，在社会公德、行为规范等方面均表现出良好的特质，同一般公民并无显著性差别。通过各种社会舆论体系，引导公众舆论以平常心理看待他们，不仅有利于营造"民企二代"成长的良好空间，而且有利于整个社会的和谐发展。

（5）积极探索民营企业的思想政治工作方式方法，引导并树立社会主义主导价值体系。总的来说，整个"民企二代"在爱国主义、民族精神及社会主义价值观上，所持立场和态度是值得肯定的，但也出现了一些令人担忧的杂音。主要表现为一部分人对社会主义价值体系认识上的松懈和淡漠、对个人主义和金钱主义的趋同。为此，通过各种形式进一步加强"民企二代"思想政治工作，树立积极健康的人生信念和社会主义价值观，将十分紧迫而有意义。在此方面，一些省市针对"民企二代"组织开展了相应的学习和培训，是值得借鉴的。相关部门应给予高度重视，并及时制定相应的措施来纠正这一现象的恶化。

五、结束语

本章调查研究，历时一个多月，覆盖河南省大部分地区和民营企业，调查问卷项目内容涉及广泛，因此通过本章调查研究，基本上对河南省的"民企二代"

的现状有了一个总的或基本的认识。当然，由于时间关系及研究的初步性，本章调查与研究仍然存在一些问题，如调查对象相对集中在规模较大的民营企业中，一些较小规模的民营企业及其"民企二代"没有顾及；特别是由于调查研究的渠道的特殊性（主要通过共青团系统展开），可能会存在某些导向性或系统性偏差（如党员受试的比例偏高而带来的偏差）；另外，在某些专项问题的研究上有待于进一步深化等。所有这些将在以后的研究工作中加以改进和完善。

第十一章　2010 年河南省大学毕业生低收入群体现状的调查研究

【摘要】通过问卷自陈的方式，对河南省近 1000 名聚居在城中村或城乡交界地带的大学毕业生低收入群体（又称蚁族群体）的生存现状及思想状况做了一次全面而系统的调查。调查发现，河南省蚁族主要集中在"80 后"青年、以毕业期在 2～3 年以内的大学毕业生群体上，半数处于恋爱状态。居住状况呈独租、二人合租、多人合租等多样化态势；生活状况较差；工资收入较低（平均在 1370 元/月）、无固定职业或职业类别呈多样化趋势；心理健康呈亚健康或灰色状态；自我评价客观略偏消极；面对现实既表现无奈又客观冷静、对自身的未来既充满信心又犹豫彷徨。在政策建议上主张：建立健全大学毕业生国家就业扶持体系，发挥共青团服务青年、引领青年的主导作用；不断完善高校教育体系与就业辅导机制，高校应关注后大学时代青年的成长，引导大学生树立正确就业观；进一步关注蚁族群体的利益表达和心理健康状况；鼓励社会力量加大对大学生聚居地的设施建设，加强对大学毕业生聚居地的治安管理、人口管理与生活管理，为处在过渡期的大学毕业生营造良好的社会生存环境。

一、引　言

大学毕业生低收入聚居群体又称为蚁族或蚁族群体，这一称谓形象地描绘来自蚂蚁居住结构的启示。相关研究表明，蚂蚁有 25 万个脑细胞，在所有的昆虫中，是属于高智商物种，和大学生群体所具有的"高知""受过高等教育"等特点类似。蚂蚁属群居动物，一个蚁穴里常常有成千上万只蚂蚁，这也与大学生群体在物理状态下呈现出聚居生活的特征相吻合。此外，蚂蚁很弱小，但若不给予其足够的重视，蚂蚁也会造成严重的灾害（如蚁灾），因此有人称蚂蚁为"弱小的强者"，这一特点与大学生群体弱势、低收入、不被人关注、易引发诸多社会问题等方面极为相似。对于城市蚁族来说，聚居地多集中在城中村或城乡交界地带。

首次提出蚁族这一概念的是北京大学法学院副教授廉思。他通过对唐家岭等地历时两年的研究，经过大量的个案调研与数据分析，将这群人的生存状态撰写成专著《蚁族——大学毕业生聚居村实录》。该书于 2009 年 9 月出版发行，由此引发社会对蚁族的强烈的关注。

2010 年 2 月，团中央学校部对北京地区的"蚁族"聚居地，通过面谈、电话和网络等方法对蚁族进行了调研，结果显示，生活条件差、公共安全隐患突出、对现状存在不满情绪、高度关注自身利益、普遍不愿意与家人说明真实境况、与外界的交往主要靠互联网并以此宣泄情绪等是目前蚁族面临的主要问题。

河南省是全国人口最多的省份，当地及外地大学毕业生返乡后所造成的高密度聚居状况是较为突出的，探索河南省大学毕业生低收入聚居群体，对于进一步掌握其思想和生存状况，增强共青团组织引导服务不同青年群体的针对性和有效性有重要意义。

二、调查方法

本次调查于 2010 年 2 ~ 3 月开展，采取抽样调查方法，先由各地共青团组织确定大学毕业生在当地城中村中所占比例，从中以一定比例确定发放问卷的数量，再确定选择 2 ~ 3 个城中村作为样本区域进行调查。问卷设计围绕人口学资料、生活状况、居住状况、工作状况、自我评价、社会态度等方面确定问题，共计 48 道问题，采用多项不定选择题格式。全省抽样地区分别为郑州、洛阳、商丘、焦作、安阳、南阳、信阳、驻马店、三门峡九个地市，共计发放问卷 1000份，截至 2010 年 3 月底共收回问卷 932 份，经审核有效问卷 890 份。

三、调查结果及分析

1. 基本资料

基本资料包括年龄、学历、毕业时间、婚否、政治面貌。

调查显示，"80后"青年是当前蚁族的中坚力量，占整个蚁族群体近80%的比例。其中又以应届大学毕业生为主要构成，占整个蚁族的45%，其余人员则由往届毕业生构成：毕业一至两年的大学生占29%，毕业三年以上的大学生占26%（见图11－1）。

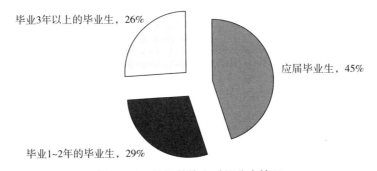

图11－1 蚁族的毕业时间分布情况

在学历层次上主要集中在大专和本科学历上，其中大专毕业生人数占36%，本科毕业生占45%，其余的人员分别由硕士生（14%）和博士生（5%）构成（见图11－2）。值得提出的是，对于学历层次的分布还和城市的繁荣发达水平有关，越是经济文化较为发达地区，学历层次较高的蚁族比例越高。

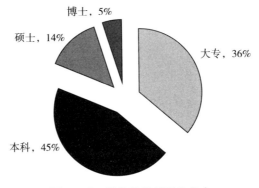

图11－2 蚁族的学历层次分布

政治面貌上，共青团团员占38%；中共党员占30%；民主党派人士占2%；群众占30%。

在婚姻状况上，大多数处于未婚状况，只有近20%的人属于已婚状况。

2. 居住状况

蚁族居住地主要集中在城中村或城乡交界地带，以承租居民房屋为主，承租形式并非像以往的以六七人合租为主的形式，反而呈现多样化趋势：既有独租的、二人合租的、多人合租的，也有寄租的。这可能和当地的房屋租赁价格较低或蚁族收入较高或有所改善有关。

在对聚居地周边的安全性评估上也和其他地区的情况有一定差异：大部分蚁族认为周边环境的安全性较好或一般（共占87%），而只有13%的人认为周边环境安全性差或很差。这明显和习惯上或其他地方的调查所认为的城中村是刑事案件高发地、存在严重社会治安问题有明显的矛盾，抑或反映出大学生蚁族群体和社会治安系统对环境的评估上、在标准上或在心理敏感性上存在较大的区别。

当然，在对居住状况的满意度上，绝大部分处于不满意或极不满意状态（其占90%）。在承租费用上，大部分蚁族租赁开支占其收入的20%左右，且有40%的人有被房东催交房租的经历。在对自己还要做多长时间蚁族的预期上看，很多人并不乐观，选择仍有两年或两年以上蚁居时间的占68%。结合蚁族群体毕业的时间构成分布，可以推算，大学毕业生低收入群体的蚁居期平均应在3~5年区间范围内。

3. 工作及收入状况

对职业的认知上，蚁族同样趋同社会主流价值，即他们大多认为政府部门及事业单位是最理想的职业选择。并且有近大半数的人参加过公务员考试，当然也有大半数的人认为公务员考试制度不公平，这可能与他们所体验到的挫折感有直接的关系。从某种意义上讲，他们目前的状况可以说是在暂且无法实现理想的无奈选择吧。从目前工作的选择情况看，有68%的人属于低薪打工族，有22%的人无工作，有10%的人从事白领工作。这其中并无明显的职业区分，职业选择类别呈多样化趋势。在职业收入水平上，综合各档次收入标准及其所占人数的比例，河南省蚁族群体平均月收入在1370元（见图11-3），合计年收入为16440元，和全省在岗职工年平均工资相比，仅略高于排在倒数第一的漯河市在岗职工年平均工资（根据2009年全省在岗职工收入状况的相关调查为16429元）。这和蚁族自身所期待的平均收入有较大的差距，在这之前，他们大多数人认为每月应达到3000元左右。

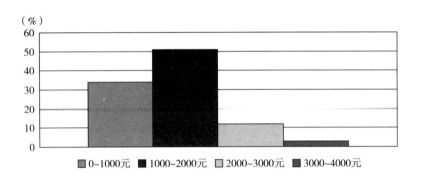

图 11 - 3　蚁族月收入等级百分比

4. 生活状况

蚁族群体在业余时间里，休闲活动相对单一，主要倾向于从事上网、听歌唱歌等文化娱乐（41%）和健身活动（32%），公益类及联谊类活动很少参加。和以往的研究结果有所不同的是，在遇到社会重大关切事件或自身利益受到损害的时候，只有近四成的蚁族倾向于网络表达，而有近三成的蚁族则倾向于通过"好好学习、增长才干、多做实事"等实际行动来表达或实现自身利益，这反映出当前蚁族群体的趋于成熟化及务实倾向。

像同类青年群体一样，蚁族群体是应进入婚恋的高峰时期，有大半数的人处于恋爱阶段，少半数的人依然处于单身状态。面对自己所处的居住生活环境，绝大多数人对自己的生活状况不满意或极不满意；而他们中的大部分其父母并不完全了解他们的真实生活状况，主要原因是他们大部分没有告知其父母真实情况，甚至有近半数人在春节期间，因经济原因而放弃回家过年的机会。这或许反映出蚁族群体较高的自我独立性、自尊心以及对现实的容忍性。

在对照电视剧《蜗居》评价自身现状时，大多数蚁族人感同身受，觉得用"蚁族"形容自身非常贴切。当然，仍有部分人否认自身的蚁族角色，认为"蚁族"这一概念并不能真实地反映自身真实状况，这似乎和"蚁族"这一词汇的贬义性或不能准确而全面反映实事有关。

5. 心理健康状况

由于长期处于较为恶劣的环境及频繁地面对经济和就业压力，使他们中的大部分（共占87%）处于情绪不稳定、挫折感及焦虑状态，心理健康状况令人堪忧。在问及当前的心理状况时，有近30%的人感到无奈，有近28%的人感到彷徨，有近10%的人感到痛苦，这三项反映出当前蚁族群体较为典型而弥散性的灰色心理状态。

对于像绝望等极端的心理状态，调查显示，有近22%的人发生过，虽然大部分蚁族青年能通过娱乐活动、发奋学习等转移或升华内在的心理调节机制化解掉，但仍有少数人（占5%）有通过极端行为把愤怒发泄到社会上的冲动。

6. 自我评价及对社会的认知

蚁族对自己的认知及评价总体上是积极而客观的。他们中的大部分认同自己的蚁族地位，且对"蚁族基本上属于'穷二代'群体"的言论并不十分认同，认为"比较片面"的人占65%；同时和"农民工、下岗职工"等弱势群体相比，大部分蚁族倾向于认为自己更有优势；在对自身未来的发展预期上，大部分蚁族充满信心并敢于面对，有近43%的认为"蚁族"是一个孕育着希望的群体，而又有近36%的人认为"蚁族"是走出大学门，走向社会，这是一个艰难的过渡，也是一个必然的阶段，有近五成的蚁族认为国家开始关注这个群体，并有近70%的蚁族期待着国家及社会对他们的现状给予更大的扶持，创造更多的就业机会。当然，应该看到，仍有部分蚁族在自我认知上表现出比较消极的色彩，如有近20%的人认同自己"属于'穷二代'群体"；在和"农民工、下岗工人"相比时，有27%的人认为都差不多甚至还不如他们；在评价国家对蚁族的态度上，有近34%人觉得国家对他们是漠视的。

在对待现实的态度上，大部分蚁族依然表现出足够的积极与理性。首先，在看待蚁族这一现象时，大部分蚁族能全面地理解和把握各种原因，如既有国家经济转型期经济结构不合理的原因，也有高校自身招生政策、教育方针、培养模式以及大学毕业生本身的观念和素养的偏差问题；同时还存在政府有关大学生就业政策的缺失问题。其次，在如何看待国家政治制度、社会群体现象和社会腐败现象方面，大部分蚁族表现出足够的客观与冷静，和社会主流价值理念相趋同，倾向于认为不能简单地说社会主义好还是资本主义好，关键是看是否符合中国国情；认为中国特色社会主义道路是很成功的，应坚持走下去；腐败现象依然存在，需要狠抓。

四、对策或建议

"蚁族"或"蚁居"现象的产生有其特有的原因：一方面是大学毕业生就业政策的市场化趋势使然，另一方面也是各级用人单位，特别是具有市场化特征的企事业单位，将人事福利保障体系剥离出来，推向市场的必然结果，同时也是当代大学生面对市场的挑战所做出的勇敢而富有自主性的选择。因此，在某种程度上，蚁族的出现也是一种社会发展的必然，对于社会及大学生本人都具有积极的意义。

但是，从整个调查结果可以看到，蚁族现象的出现也暴露出整个社会在引导、服务与扶持大学毕业生方面的缺陷：一是近几年国家虽然加大了对大学毕业生就业的支持力度，但仍然在实际操作上难见明显效果，这可能和整个就业的救助及支持系统功能不完善有关；二是在就业市场或领域缺乏公平制度的建立，就业中的腐败现象依然存在，进而造成大学毕业生较大范围内的就业机会的被剥夺感；三是在大多高校，学科建设及培养目标仍然脱离市场要求，学校对学生的培养与管理仅仅局限在学校期间，缺乏后毕业时期的教育与管理；四是社会民间力量因利益因素，缺乏对毕业生生活居住环境的关注与投入，从而造成毕业生毕业后不得不屈就的恶劣居住环境；五是由于各种社会压力的集聚，在这一蚁居时期，必然带来较多的像焦虑、急躁等不良情绪性的心理问题；六是由于城中村流动人口的增多、管理及规划的混乱，必然导致蚁族群体的卫生状况、安全状况等问题的相对增多。因此，针对上述不利因素提出政策性建议或措施将显得尤其重要。

（1）建立健全国家大学毕业生就业和创业的救助系统和扶持系统。从资金和政策上给予全面的保障。在此方面，作为服务青年成长的共青团组织，理应对蚁族特别是家庭较为贫困的大学毕业生给予更强烈的关注，在见习基地、创业扶持等方面为蚁族提供有效的帮助。

（2）加强国家及社会就业市场公平机制建设及法律体制的建设，不断消除就业领域及人事流动方面的腐败现象，从社会文化层面营造更加自由、自主而又价值多元化的就业导向，从而最大限度地降低造成大学毕业生特别是弱势大学毕业生就业机会被剥夺感。

（3）进一步改善大学教育学科体系建设，使之不断适应日益发展和变化的市场需要；加强学生的素质培养以及专业技能的培养，使大学毕业生能更快更好地适应不断变化的社会；加强就业观念的现实性教育，引导他们正确认识当前的就业形势，帮助他们树立信心，并在此基础上将大学教育及学生管理延续到毕业后2～3年，为毕业生提供充足的智力及信息支持。

（4）国家鼓励并引导社会及民间资本为大学毕业生走向社会、顺利度过适应期并快速成长，增加资金及项目投入，开发作为过渡用的经济而又实用的青年居住商用楼，不断改善走向市场、融入社会的毕业生的居住环境。

（5）加大对大学毕业生低收入聚居群体的心理健康的关注，鼓励并引导社会专业机构深入聚居区，开展心理健康辅导工作。

（6）各级政法部门、社区居委会及治安机构要加强大学毕业生聚居区的社区管理工作，对社区各种流动性人口加强监管，为大学毕业生创造舒适又安全的社区环境。

第 六 篇

公益事业与青年发展

第十二章　在社会治理创新背景下
河南志愿服务新发展

【摘要】基于党的十八大所确立的"四个全面"战略布局和实施社会治理创新战略，全面回顾梳理了河南省志愿服务工作发展脉络。本章认为，河南省志愿服务工作在全面融入社会治理创新这一伟大社会工程的基础上，在服务内容、价值导向、领导机制、组织体系以及保障建立等方面正经历着系列性嬗变，其意义现实而深远，一个崭新的具有中国特色和河南人文特色的志愿服务体系正在形成。

20 世纪 80 年代，世界银行在概括非洲国家经济社会发展情况的一份报告中首次使用了"治理危机"一词，从此，"治理"迅速成了社会科学的一个标准词汇。基于这样的背景，社会治理也逐渐成为西方的社会治理理论重要概念，其基本要义是指对社会的治理不仅仅是政府的事，也包括社会多元角色的参与与互动。

党的十八大以来，面对国内外政治、经济、社会发展的新形势、新任务、新要求，习近平总书记以马克思主义的巨大理论勇气和政治远见卓识，提出了一系列治国理政新理念、新思想、新战略，形成了系统完整、逻辑严密的科学理论体系。其中所提出的一系列加强和创新社会治理的新思想、新观点、新论断，是近五年来中国社会治理领域最为重要的创新性进展与创新性成果。其核心思想是建立一个"党委领导、政府主导、社会协同、公众参与、法制保障"具有中国特色的社会治理体系。由此可以看出，同西方更多地强调奉行社会中心主义和公民个人本位相比，我国的社会治理则是指在执政党领导下，由政府主导，吸纳社会组织等多方面治理主体参与，对社会公共事务进行的治理活动，是以实现和维护群众权利为核心，发挥多元治理主体的作用，针对国家治理中的社会问题，完善社会福利、保障改善民生，化解社会矛盾，促进社会公平，推动社会有序和谐发展的过程。

2018 年底，河南省在全国志愿服务信息系统注册登记的志愿者人数超 1200 万人，占全省常住人口的 12.99%，位居全国第一。2018 年 12 月 3 日，由河南省第十三届人大会议正式审议通过《河南省志愿服务条例》，进一步彰显改革开放以来河南志愿服务领域的新气象、新作为。近五年来，随着社会治理在河南的新实践，作为社会治理的新的重要部分，志愿服务及其组织的发展在服务内容、价值导向、领导机制、组织体系、体系保障等方面呼应着社会治理的基本理念和总体要求，朝着建设具有中国特色志愿服务事业的新境界，一路高歌猛进。

一、服务内容

——由传统慈善领域向新时期公共及政府领域延伸

志愿服务最早源自社会福利及慈善事业，是对社会弱势等特殊群体实施帮助的一项社会活动。改革开放以来，因受西方志愿服务理念的影响，志愿者服务开始涉足社会公共领域，当时的志愿服务范围主要包括：社区建设、环境保护、大型赛会、应急救助等。在环境保护志愿服务领域，经历了从尝试到创新深化，从没有人理解到动员社区居民广泛参与，从最初的思想引领转变为自觉行动。河南省志愿服务紧紧围绕培育和践行社会主义核心价值观，围绕建设文明河南，以创建社区"文明使者志愿服务站"为依托，大力加强志愿服务阵地建设，夯实志愿服务队伍，丰富志愿服务活动，打造志愿服务品牌，扩大志愿服务影响，推动了志愿服务活动常态长效，是河南开展社区志愿服务的闪亮品牌。

党的十八大以来，我国社会主义事业发展进入新的历史时期，完成两个"一百年"的宏伟目标，奋力实现中华民族伟大复兴的中国梦，成为当下党和国家的历史使命。2013 年，习近平在给华中农业大学"本禹志愿服务队"的回信中表示："希望你们弘扬奉献、友爱、互助、进步的志愿精神，坚持与祖国同行、为人民奉献，以青春梦想、用实际行动为实现中国梦做出新的更大贡献"，充分显示出志愿服务事业与国家建设的紧密关系。

在这一历史背景下，实现全国贫困人口脱贫，已成为全面建成小康社会的底线任务和标志性指标。2015 年 11 月，党中央召开扶贫开发工作会议，发布《中共中央国务院关于打赢脱贫攻坚战的决定》，对脱贫攻坚做出全面部署，吹响了全面扶贫脱贫的号角。作为全国农业大省，河南省各级各类志愿服务组织以前所未有的热情，主动融入、及时跟进，积极地投身到这场伟大的国家行动当中。和传统的救济帮扶志愿服务模式相比，当前的扶贫志愿服务无论是在服务规模上，还是在服务的方法上和层次上都实现了新的超越。为更好地整合社会志愿服务资源，统揽扶贫志愿服务工作，以中央扶贫办为主导，成立了中国扶贫志愿服务促进会。从具有规模性和标志性的扶贫志愿服务角度上来讲，"中国大学生西部志愿者扶贫计划"堪称代表（见图 12－1）。在这项行动中，河南省既是项目服务地区，也是项目志愿者输出地，每年选拔的大学生志愿者占全国的 1/10，展示了中原儿女应有的奉献精神，为我国西部和广大贫困地区的扶贫工作做出了不可磨灭的贡献，也充分显示出志愿服务在促进社会生产和国家建设上的重要价值。

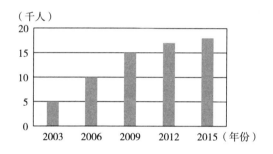

图 12－1 西部计划人数年度变化

资料来源：共青团中央西部计划网。

二、价值导向

——由传统价值理念向传承中华美德、弘扬志愿精神、践行核心价值观三位一体思想新境界延伸

根植于中原大地的志愿服务离不开传统文化的滋润。2000 年，江泽民同志对青年志愿者工作做出的重要批示中强调指出："青年志愿者行动，是当代社会主义中国一项十分高尚的事业，体现了中华民族助人为乐和扶贫济困的传统美德，是大有希望的事业。"

中原地区是中华文明的发祥地，孕育了灿烂深厚的中华文化，其中以道德礼仪为重。《战国策·卷十九·赵策二》中云："中国者，聪明睿知之所居也，万物财用之所聚也，贤圣之所教也，仁义之所施也，诗书礼乐之所用也，异敏技艺之所试也，远方之所观赴也，蛮夷之所义行也。"孟子在其《孟子·离娄下》中所说："仁者爱人，有礼者敬人"的价值理念已深深地植入中国传统文化和中国人民民族意识当中。自近代以来，无论是政府救济还是百姓邻里间相互的救助，都明显地打上了儒家思想中的"仁"和"义"字。显然，和西方志愿服务在价值理念上趋同基督教所倡导的"博爱"思想相比，中国志愿服务传统理念具有鲜明的民族特色，而这一特有的传统思想脉络至今仍生生不息延绵不绝。来自郑州的豫剧艺术工作者王宽，在十年期间靠自己和老伴微薄的退休金以及自己在茶馆的卖唱，相继收养六个孤儿，为此先后荣获2016年感动中国十大人物和首届"中华慈善奖"。在颁奖仪式上，被冠以"君子抱仁义"称号，由此彰显出以"仁""义"等中国传统美德在中国社会土壤中巨大的生命力。

改革开放以来，随着国门的逐步打开、人们的思想与行为空间不断扩大，国外志愿服务的理念与实践经验开始进入人们的视野之中，开启了现代志愿服务新时代。1993年团中央率先发起"中国青年志愿者行动"，并在行动中首次提出以"奉献、友爱、互助、进步"为思想指引，为新时期志愿服务注入了新的价值导向。和中华传统慈善精神相比，这一新的志愿服务理念既有兼收并蓄，又有时代脉动和国际视野，彰显出改革开放以来我国志愿服务发展的新趋势、新气象，也深深影响着中原腹地河南志愿服务发展的轨迹。在以后20余年的中国社会发展历程当中，这一新的志愿服务精神内核逐渐为全社会所认同，成为河南省广大志愿服务重要的精神指南。与此同时，基于中国传统人际互动思想和历史传承的"赠人玫瑰、手有余香""学雷锋，做好事"的一些理念，也作为个性化理念，融入现代志愿服务的精神内核之中，成为现代志愿服务理念的有益补充。

党的十八大所确立的"四个全面""五位一体"的总体战略布局，为中国未来的发展描绘出宏伟的前景，而不断加强全民的思想道德建设，提升公民精神文明素养，也逐步成为中国特色社会主义发展和全面深化改革的重要目标。党的十八大工作报告，首次提出在全民族倡导"富强、民主、文明、和谐、自由、平等、公正、法治、爱国、敬业、诚信、友善"的社会主义核心价值观，标志着以人的发展为核心的社会主义精神文明建设开启。在这个历史的转折点，志愿服务事业又被赋予了新的使命——培育和践行社会主义核心价值观。2015年，中国志愿服务联合会会长刘淇在全国"社会主义核心价值观建设与学雷锋志愿服务工作"座谈会上指出："学雷锋志愿服务作为一项大规模的道德实践活动，与社会主义核心价值观息息相关。志愿服务是培育、弘扬、践行、捍卫核心价值观的有效工作抓手，核心价值观是开展志愿服务的方向和统领，两者通过行、善、立、德链接，相辅相成、相得益彰"。

这一历史性的绑定，再一次决定了志愿服务事业从历史到未来、从传统到现代、从社会到国家的三位一体的精神内涵和重要的育人功能，也决定了志愿服务所坚持的中国特色社会主义道路的重要价值导向。

三、领导机制

——实现了党对志愿服务的组织统揽、价值引领和骨干支撑

全面加强党的领导，是习近平同志社会治理思想的灵魂。一是社会治理要充分发挥党总揽全局、协调各方的领导核心作用，牢牢把握党对社会治理的领导权。二是以党风政风好转带动社会风气的好转，坚持党要管党、从严治党、从严治吏，大力开展党风廉政建设，净化党风政风，带动和促进社会风气向上健康发展。三是提高党领导社会治理的能力，推进社会治理现代化。

作为社会治理的重要组织部分，党对志愿服务工作的领导主要体现在以下三个方面。

一是发挥组织统揽、组织覆盖作用。和西方志愿服务发展主要采取自下而上的社会模式不同，中国的支援服务更多的是通过自上而下的政府模式或顶层设计模式展开。早在 20 世纪 80 年代，国家就根据社区志愿服务发展的需求，依托中国社会工作协会成立了"社区志愿者协会"负责统筹全国的社区志愿服务工作的开展；1993 年，几乎在共青团中央发起"青年志愿者行动"的同时，第二年就着手成立了全国性的中国青年志愿者协会，直接归属共青团中央，由团中央书记兼任会长，统揽全国青年志愿者行动；2008 年，中央文明委出台《关于深入开展志愿服务活动的意见》，正式提出：志愿服务要在中央文明委领导下，成立由中央文明办牵头，民政部、全国总工会、共青团中央、全国妇联、中国科协、中国残联、中国红十字总会和全国老龄办共同参加的全国志愿服务活动协调小组，负责全国志愿服务活动的总体规划和协调指导。由此，正式确立了党对志愿

服务的统揽地位，并在此基础上，逐步对全国 31 个省份实现全覆盖，覆盖志愿者达一亿人。[1]

二是发挥价值引领作用。在指导思想上，全面贯彻落实党的十八大和十八届三中、四中、五中全会精神，以邓小平理论、"三个代表"重要思想、科学发展观为指导，深入贯彻习近平总书记系列重要讲话精神，紧紧围绕"五位一体"总体布局和"四个全面"战略布局，围绕树立和落实创新、协调、绿色、开放、共享的新发展理念，坚持以党的建设为正确引领，坚持以培育和践行社会主义核心价值观；在发展方向上，以满足人民群众日益增长的社会服务需求为出发点，以能力建设为基础，以建立健全政策制度、完善体制机制、增强法律保障为重点，积极扶持发展志愿服务组织；在发展目标上，为加强和创新社会治理，为实现"两个一百年"奋斗目标、实现中华民族伟大复兴的中国梦凝聚力量。

三是发挥骨干支撑作用。全心全意为人民服务是党的根本宗旨，志愿服务以奉献他人、服务社会为主题，是密切党群关系的一个重要举措，是巩固和深化党的群众路线教育实践活动成果的重要载体。2014 年中共中央办公厅印发《关于加强基层服务型党组织建设的意见》，首次提出："广泛开展以党员为骨干的志愿服务"，从此拉开了组织动员广大党团员积极参与志愿服务活动的序幕。一些地方党团组织，先后制定出加入志愿服务组织的相关政策与激励措施，以确保党团员在志愿服务方面的有效的、源源不断的支撑。事实表明，动员党团员加入志愿服务，是在充分尊重志愿服务组织的社会性、志愿性、公益性基础上，充分发挥基层党组织的战斗堡垒作用和共产党员先锋模范作用和骨干作用，确保志愿服务组织发展的正确方向和有力保障。

四、组织体系

——由单一政府主导体系向多元的政府与社会双向互动组织格局发展

与传统的以个人为主体开展学雷锋活动不同，现代志愿服务的基础是组织建立。中华人民共和国成立以来，我国的志愿服务组织体系的建立经历了一个由党

---

① 2016 年中国志愿服务联合会第一届理事会第五次会议工作报告。

政领导到党政主导、社会协同的发展历程，而国家和志愿服务组织间的紧密互动是这一发展的内在动力。

社会主义建设时期，国家与社会管理高度统一，社会上的相关民间组织要么凤毛麟角、要么吸收统管，社会福利慈善事业、义务劳动以及学雷锋等志愿服务活动，都是通过政府发动、各级行政组织动员的方式实现的。改革开放以来，随着经济体制多元化改革的不断深入，社会组织如雨后春笋般涌现出来，相关志愿服务组织也纷至沓来，初步展现出社会组织在社会志愿服务领域独到而不可替代的作用。由此倒逼政府对社会组织的发展实施规范与引导，并在此基础上进一步促进社会志愿服务组织新的跨越式发展，进而逐渐形成政府主导、多元化社会组织协同、公众参与的志愿服务组织新格局。以目前河南省 40 余万志愿组织和团队为例①，有近85% 的团队登记发生在 2011 ~ 2013 年（见图 12 - 2），而且可以看出，2011 ~ 2013 年是志愿服务组织注册增长曲线的重要拐点，而这期间也恰恰是中华志愿者协会和中国志愿服务联合等大型组织成立的集中时段，显示出政府在激活组织和引领组织建立的重要价值。

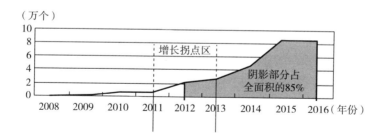

图 12 - 2 全国志愿服务组织注册年度变化

资料来源：http：//v. cvf. org. cn/app/org/list. php。

由此可以看出，河南省现代志愿服务组织体系的形成既非遵循西方社会自下而上的自发自然模式，也非延续完全意义上由上而下的单一政府主导模式，而是既有自下而上的社会自发形成需求，也有自上而下的政府管控驱使的双向互动模式所致。

在志愿服务组织系统划分上，俞志元（2014）根据志愿服务组织的主体构

---

① 中国志愿服务联合会网站/志愿者团队，http：//v. cvf. org. cn/app/org/list. php。

成、目标任务的不同，把我国志愿服务组织划分为四大类。分别是以服务社区平安、社区市容、环境卫生为主要任务，以社区党员和居民为主体的街道与社区的志愿者组织；以服务于教育、社会赈灾救济为主要任务，以个人趣缘为纽带的社会人士组成的民间公益组织；以服务老少边区、贫困地区为主要任务，以青年学生为主体的青年志愿者组织；以服务企业生产和城市社区文明建设，以企业职工为骨干的企业志愿服务组织。

基于上述划分，如果再结合志愿者注册来源地不同，河南省志愿者队伍基本可以划分为三大类：一是依托中国志愿服务联合会注册系统的，以来自城市企事业单位、社区街道在职或退休人员或居民为主干的城市文明和社区志愿者组织；二是依托中年青年志愿服务体系和注册平台，以服务于中国老少边区、贫困地区、急难险重工作为使命的青年志愿者组织；三是依托中国民政注册系统，以跨地区、个性化公益服务为目标的，由来自民间各界人士组成的民间公益组织。据不完全统计，上述三支队伍总人数已突破1000万，他们各具优势、特色分明，在中国志愿服务领域已呈现出三足鼎立的组织格局（见图12 - 3）。

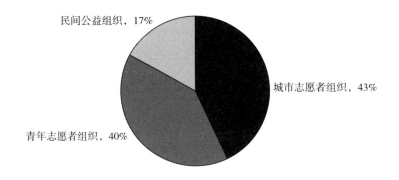

图12 - 3 河南省志愿服务三大力量比例分布

资料来源：中国志愿服务联合会。

城市文明和社区志愿者，人员主要由来自城市居民、企事业单位在职或退休人员、党团员等构成，组织动员能力强、人员稳定性高、服务渗透能力强，是城市文明建设和公共事业建设的重要力量。

青年志愿者，人员主要由在校大学生和各级团组织团员构成，他们思想先进，积极性、主动性和引领性高、行动力强，活动触角广泛，是中国志愿服务的排头兵和先锋力量。

民间公益组织，人员主要来自社会各领域热心和爱心人士，表现出较高的独立性、主动性和行动性、具有专业化取向，是中国真正的"第三方组织"。

五、保障建立

——初步建立政策保障、组织保障和资源保障三大体系

志愿服务是基于人的自觉与自愿的行动，但作为一项社会活动或运动，更需要提供强大的保障与支撑，以确保其长期而稳定的发展。随着志愿服务探索的不断深入，我国在借鉴国外有益经验的基础上，正逐步建立适合我国国情的志愿服务保障和支撑体系。这里主要体现在政策与法律、组织体系、资源体系三大保障体系的建立上。

政策与法律体系——从中央到地方，已初步建立有关志愿服务开展工作的政策与法律体系。志愿服务的政策与法律，主要涉及对志愿服务及志愿者社会价值观的界定、行为规范与要求、责任与义务、权益与保障等方面的内容，是志愿服务开展和志愿者权益保护的政策基础和法律依据。从 20 世纪 90 年代起到目前，已有 27 个省级地区推出了有关志愿服务工作条例，其中包括 20 世纪 90 年代河南省出台的《促进青年志愿服务事业发展的意见》。在中央层面也陆续出台一系列有关志愿服务工作的政策与法规，其中最具影响力的当属 2008 年由中央文明委颁布的《关于深入开展志愿服务活动的意见》，2016 年由中宣部印发的《关于支持和发展志愿服务组织的意见》，以及由全国人大 2016 年通过的《中华人民共和国慈善法》，2017 年 6 月 7 日，经国务院第 175 次常务会议审议，出台国家级的《志愿服务条例》，以此确保了全国志愿服务事业在政策与法律的支持和保护下有序而持续开展。值得一提的是，在政策与法规制定的时间维度上，地方政府走在了中央的前面，这在一定程度上，反映出我国在志愿服务事业发展上所存在的地方差异。

志愿服务组织体系——强化顶层设计，初步搭建了若干国家级志愿服务组织体系，基本实现 31 个省级地区志愿者全覆盖。从 1994 年共青团中央正式成立中国青年志愿者协会起，截至目前，由中央相关部委牵头成立的国家级志愿服务组织已达六家，它们分别是由共青团中央牵头成立的中国青年志愿者协会、由民政部牵头成立的中华志愿者协会、由中央文明委牵头成立的中国志愿服务联合会、

由中华残疾人联合会牵头成立的中国助残志愿者协会、由中国文联牵头成立的中国文艺志愿者协会、由中央扶贫办牵头成立的中国扶贫志愿服务促进会。这六大志愿服务组织体系，总体上承担起全国各级各类志愿服务组织统揽、协调和枢纽作用，对全国 31 个省份志愿服务基本实现全覆盖。

资源保障——在人、财、物等方面，政府培育与投入、企业与市场反哺、社会及民间捐赠等多元化资源保障机制正在形成。

人才输送与培养是志愿服务能力提升的基本前提。党的十八大以来，在河南省委、省政府的强力推动下，在省精神文明创建系统的统一领导下，全省各级志愿服务组织，借助政府专项经费以及资源性社会公益组织的支持，依托政府与社会的培训教育机构，通过基地培训、网络培训、送课下乡等方式，广泛开展了各级各类的志愿者培训。培训人次逐年增加，覆盖群体逐年扩大，培训种类逐年拓展，为河南省特色志愿服务工作奠定了坚实的人力基础。

资金支持是现代志愿服务持续开展的重要资源保证。早期的志愿服务更多的是通过采取自筹自支或民间捐赠的方式加以维持，其持续性和有效性可想而知。随着现代志愿服务理念的传播，政府开始借鉴西方志愿服务的有益经验，探索建立以政府为引领，建立由"政府购买＋社会参与＋民间捐赠"的资金支持体系。据公开的社会公益基金组织信息看，从 1981 年成立第一个国家基金组织"中国少年儿童基金会"以来，已有近百个国家级公益性基金组织注册成立①，其中近半数的基金组织成立时间主要集中于 2005～2015 年，其中 2010 年达到注册峰值，成为除政府之外推动中国志愿服务事业的重要力量。虽然，河南经济基础相对薄弱，河南整体社会资助力量相对较弱，但并未影响河南志愿精神的发扬光大以及志愿服务行动的开展。与此对应，以项目化运作或以独立法人运作的形式成为当下志愿服务开展的主流方式。志愿服务组织通过承接公共服务项目、参与参加公益创投、争取政府补贴与社会捐赠的方式为组织提供动力。作为资源保障的重要补充，采用政府或社会孵化机制，也是各级政府提供保障的选项。其主要操作即是为处于初创期、萌芽期的公益组织提供评估、入壳、孵化、出壳、跟踪等基本帮助。目前，这一实践在一些地区已取得初步成效。

平台搭建，为志愿服务创建足够广阔的活动空间，是开展志愿服务特别是城

---

① 中华人民共和国民政部网站，全国性社会组织查询，http://www.chinanpo.gov.cn/search/orgindex.html。

市志愿服务物质保障。以社区志愿服务为例，随着以政府为主导的社区服务中心建设的覆盖率①逐年提升，依托社区服务中心，吸收整合社会志愿服务资源，深入社区广泛开展各种便民、治安、助老、助残服务，已成为中国社区志愿服务的基本模式（见图12-4）。基于这种模式，由中国志愿服务联合会发起"邻里守望"和河南省广泛开展的"文明使者"社区志愿服务，已成为中国志愿服务响亮的品牌。

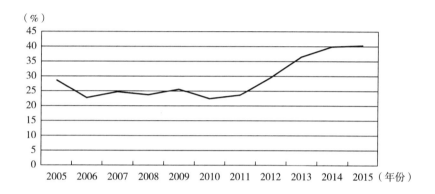

图12-4　2005～2015年河南社区服务中心建设覆盖率

资料来源：《河南统计年鉴》（2005～2015年）。

六、结束语

党的十八大以来，在推进社会治理创新的时代背景下，在实现中部崛起的战略机遇期，河南志愿服务也迎来了重要的发展时期。其服务内容、价值引导、领导机制、组织体系、保障建立，无疑都经历了时代的拷问、锤炼和重构，其对建立具有中国特色的志愿服务理论体系和实践体系，都具有重要的开创意义。不可否认，和一些发达省份相比，河南省志愿服务事业在制度建立、能力提升、服务创新、政府培育等方面依然存在一些问题和困境，但我们相信站在这一特殊的历史起点上，河南省志愿服务正在开启一个更美好的未来。

---

① 国家统计局.2015中国统计年鉴（第1版）［M］.北京：中国统计出版社，2015：756.

第十三章 河南促进农村优秀青年成长的公益行动

——"中原骄子行"公益行动十年发展报告

一、项目概览

项目名称：中原骄子行。

项目类型：资助菁英学子和困难家庭青少年游学参观公益性活动。

项目主办：共青团河南省委、河南省青年联合会。

项目资助：河南蒲源建设集团有限公司。

项目目标：打破阶层固化的壁垒，关注并促进菁英青少年和困难家庭青少年成长成才；倡导刻苦学习、报效祖国、自强不息、奋发向上的优良品格；培育与新时代共前进与祖国共成长的时代精神。

"中原骄子行"公益项目是由共青团河南省委、河南省青联主办，由知名爱心企业全程资助的旨在促进河南菁英青少年和困难家庭青少年成长成才公益项目。自2007年起至2018年的10多年间，已举办九届，累计组织了河南省400多名品学兼优的优秀青少年代表赴包括港澳台在内的全国各地参观交流，开阔视野，累计行程近三万千米。在学生及其家庭、政府、媒体等社会各界都产生了巨大反响，实现了政府、群团、企业、媒体、社会各界资源的有效连接，成为爱心连接、助推"读万卷书，行万里路"梦想成真、倡导正确的成长成才价值理念、引领青少年科学的成长成才之路的特色鲜明的公益盛举。

项目全程赞助者：徐胜杰

徐胜杰，中国工商业联合会执委、全国青年联合会常委、全国红军小学建设工程理事会常务理事、十二届河南省政协常委、河南省工商业联合会副主席、河南省青年联合会副主席、河南蒲源建设集团有限公司董事长。

自创业以来，秉承达则兼济天下的高尚情怀，不忘初心，履行社会责任和青联使命，积极参与社会公益活动。发起设立了"河南省关爱农民工子女基金""河南蒲源青少年爱眼基金""三乐游学教育基金"和新乡医学院"蒲源奖学金"，持续资助"中原骄子"和中国光华基金会的"三乐游学活动"代表团赴美国、港澳台、贵州、上海、新疆、北京等地开展青年学习交流活动。为农村剩余青年劳动力、下岗职工及大学毕业生提供就业岗位8000余个。先后为希望工程、抗震救灾、支援老区建设、资助失学儿童、扶持大学生创业等社会公益事业并为相关慈善机构捐款捐物达2000多万元。

同时，其所领导下的河南蒲源集团作为党团文化建设的先进典型，获得了"河南省青年文明号""河南省爱心企业""郑州市党建示范点""郑州市先进基层党组织"等多项荣誉称号，多次被中央电视台、《人民日报》、《中国青年报》、《河南日报》、河南电视台、中青在线等多家媒体宣传推介，成为河南非公企业展示党团文化建设成果的窗口单位。

二、项目背景

1. 发展背景——中原崛起曙光初现

同全国整体发展一样，2007年的河南保持较快增长。在前一年的河南省生产总值达到12464亿元，增长14.1%的基础上，2007年一季度同比又增长了14.7%；农业迈上新台阶，年粮食产量达到1011亿斤，占全国粮食总产量的1/10强；对外开放不断扩大，全年全省对外贸易总额达到104.8亿美元，增长22.4%；群众生活不断改善，城镇居民人均可支配收入和农民人均纯收入分别达到9810元和3261元，增长11.9%和12.1%；社会主义政治建设、文化建设、社会建设和党的建设不断加强。2007年4月，在中原崛起雄姿初现的重要时刻，胡锦涛总书记第三次来河南视察，对河南的发展给予了充分肯定，殷切希望河南的同志坚持以邓小平理论和"三个代表"重要思想为指导，全面落实科学发展观，紧紧抓住国家实施中部地区崛起战略的宝贵机遇，以奋发有为的精神状态、求真务实的工作作风，推动经济社会发展切实转入科学发展的轨道，努力走在中部地区崛起的前列，以优异成绩迎接党的十七大胜利召开。

河南省委省政府号召全省青年在坚持科学发展、着力改善民生、构建和谐社会中大有作为，为加快中原崛起而努力奋斗。共青团河南省委应势而动，要求全省各级团组织和广大团干部要认真学习，深刻领会，把总书记的讲话精神落实到团的各项工作中去，发挥自身优势，突出育人职能，团结带领广大团员青年牢记党和人民的重托，自觉担负起时代的重任，努力成为理想远大、信念坚定的新一代，品德高尚、意志顽强的新一代，视野开阔、知识丰富的新一代，开拓进取、艰苦创业的新一代。

由此看出，理想远大、品德高尚、视野开阔、开拓进取成为 21 世纪青年成长成才的时代方向。

2. 升学背景——农村考生众多，升学压力巨大

河南省既是人口大省，也是农业大省，更是全国高考考生人数大省。自2013年开始，河南省高考报名人数逐年增长（见图 13 - 1），2013 年高考报名人数共有 71.63 万人，到 2018 年增长至 98.3 万人，为近年来最高值①。

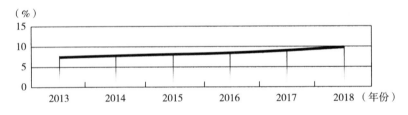

图 13 - 1　2013 ~ 2018 年河南考生占全国考生比重变化

与此形成鲜明对比的是，在享受教育权利和教育资源方面，河南省青少年特别是来自农村和困难家庭的青少年，一直处于全国平均水平以下甚至更低。傅亦沁（2018）根据中国各省高考网站公开的数据统计分析发现，截至2013年，上清华最容易的是北京的考生，每万名考生有 47 人就读清华；而最难的是河南的考生，每万名考生仅有不到 2 人。

与此同时，阶层固化现象也蔓延到教育领域。据艾瑞深中国校友会网调查，2007 ~ 2016 年，能否成为高考状元与其家庭背景、父母职业及学历等有密切关

---

① 参见中商产业研究院相关资料。

系。相关报告显示，近十年来，父母为大学教授、研究员、高级工程师等"高级知识分子"家庭的状元比例逐年上升，教师家庭、公务员家庭的高考状元所占比例较高，最盛产全国高考状元；而来自农村、经济状况欠佳家庭的状元所占比例较低且有继续下降的趋势（来自教师家庭的高考状元占总数的 35.09%，其次是公务员家庭，占 15.62%；工人家庭占 13.39%；工程师家庭占 10.62%，农民家庭占 10.16%，其余为医生、律师、金融、证券、财务等职业家庭）。

因此，如何打破阶层固化的藩篱，关注、支持和激励河南省青少年特别是包括农村青少年在内的困难家庭青少年自强不息、刻苦学习、奋发向上、报效祖国，已成为促进河南省青少年发展的关键所在。

3. 贫困背景——城乡收入差距达到顶峰，贫困家庭青年亟待关注

参照国际社会发展经验，在人均国内生产总值处于 1000～3000 美元的时期，往往是"黄金发展期"与"矛盾凸显期"并存的时期，必须处理好经济社会协调发展的问题。跨入 21 世纪的中国正处于这样一个特殊的发展阶段，虽然经济的快速发展让我国站在了一个新的历史起点，但发展的负作用也开始显现出来。包括贫富之间差距拉大在内的城乡之间、区域之间、经济社会发展之间的不协调状况，进入社会越来越难以承受的阶段；群体性事件大量增加，规模趋于扩大，手段趋于激烈，在一定程度上反映了发展不协调已到了非下大力气解决不可的时候。

从城乡收入差距的角度看，2007 年的中国是城乡收入差距达到顶峰的时期，城乡收入比达到 3.33∶1（见表 13－1），早已超出国际预警线（基尼系数 0.5）。

表 13－1　2001～2010 年城乡居民收入对比

年份	农村居民收入（元）	城镇居民可支配收入（元）	城乡绝对差（元）	城乡收入比
2001	2366	6860	4494	2.90∶1
2002	2476	7703	5227	3.11∶1
2003	2600	8472	5872	3.26∶1
2004	2936	9422	6486	3.21∶1
2005	3255	10493	7238	3.22∶1
2006	3587	11759	8172	3.28∶1
2007	4140	13786	9646	3.33∶1
2008	4761	15781	11020	3.31∶1
2009	5153	17175	12022	3.33∶1
2010	5919	19109	13190	3.23∶1

资料来源：《中国统计年鉴》（2002～2011 年）。

从绝对贫困的角度看，河南始终是全国贫困发生的重点区域。截至2017年，仍有近50个县区尚未完全脱离贫困，有近300万农村人口尚未脱贫①。完成占据河南省学生大多数的农村青年学生的升学与就业，自然成为未来脱贫攻坚的重要任务。

基于实现全面建成小康社会的历史任务，完善社会主义市场经济体制，进一步提高党的执政能力，全面推进经济建设、政治建设、文化建设与和谐社会建设，特别是吸取世界经济发展经验教训和处理好经济社会协调发展的问题，以胡锦涛为总书记的党的十六届中央委员会高瞻远瞩，未雨绸缪，创立了具有时代意义的符合社会主义发展道路的"科学发展观"这一重大战略思想。

2003年10月召开的党的十六届三中全会提出："坚持以人为本，树立全面、协调、可持续的发展观，促进经济社会和人的全面发展"，这是党中央首次明确提出关于科学发展观的概念。在党的十七大（2007年10月）工作报告中，胡锦涛总书记明确提出，科学发展观第一要义是发展，核心是以人为本，基本要求是全面协调可持续性，根本方法是统筹兼顾，指明了我们进一步推动中国经济改革与发展的思路和战略，明确了科学发展观是指导经济社会发展的根本思想。

因此，"中原骄子行"公益行动的创立在一定程度上，是响应政府号召、顺应时代要求、着力人才培养的使命担当；是着眼社会关注、打破阶层壁垒、促进全体青年健康成长的社会担当；是着力脱贫、力促和谐社会发展的政治担当。

三、项目资助对象分析

1. 项目对象条件——关注贫困、关注菁英、关注时代、关注社会

根据近十年项目招募的条件要求，参加"中原骄子行"公益活动的条件大致可分为以下五个方面：

（1）年龄范围：15～20岁（在校初、高中学生、大学生等）。

（2）经济条件：贫困家庭学生（一般贫困，建档贫困）。

（3）学习成绩：成绩优异或高考状元。

（4）时代楷模：三好学生、学生干部、优秀团干、五四青年、社会与国家

---

① 参见2017年河南省扶贫办相关数据。

表彰、立志少年。

（5）社会关注：灾区青少年、援疆子女、军人后代、农民工子女。

2. 项目对象总体统计——430 名，行程三万千米

自 2007 年起至今，已举办 9 届，累计组织了河南省 430 多名品学兼优的优秀青少年代表赴包括港澳台在内的全国各地参观交流（见表 13 - 2），开阔视野，累计行程长达近三万千米。

表 13 - 2　项目历届活动参与人数统计

年份	项目	目的地	人数
2007	寒门骄子港澳行	香港、澳门	50
2009	河南江油优秀学子台湾行	台湾	20
2010	中原骄子·世博行	上海	50
2011	中原骄子·红色之旅	重庆、贵州	60
2012	中原骄子·民族行	新疆、甘肃	50
2013	中原骄子·梦想行	北京	50
2014	中原骄子·井冈行	井冈山	50
2015	中原骄子·爱国行	北京	47
2016	中原骄子·向党行	上海	53
总计			430

3. 项目对象类型及权重——聚焦贫困、聚焦菁英

根据项目招募对象的条件控制及不同参与者的参与频度，总体上可将项目对象分为四大类：贫困生、高考优异学生、时代楷模、社会关注群体。他们在十年共九次的活动中的参与度如表 13 - 3 所示。

表 13 - 3　历年活动中不同类型对象参与频度　　　　　　　单位：人

年份	贫困生	高考优异者	时代楷模	社会关注群体
2007	100	94	6	0
2009	100	70	5	25
2010	0	70	0	30

年份	贫困生	高考优异者	时代楷模	社会关注群体
2011	0	10	20	70
2012	0	20	20	60
2013	40	30	30	0
2014	0	50	20	30
2015	30	20	0	50
2016	100	100	0	0
累计频度	370	464	101	265

资料来源：根据历年新闻报道数据整理。

从表13-3可以看出，"中原骄子行"活动的参与者权重排序如下：第一位为高考成绩优异者（累计频度为464）；第二位为贫困生（包括一般贫困和建档贫困）（累计频度为370）；第三位为社会关注群体（累计频度为265）；第四位为时代楷模（累计频度为101）。如果考虑到本项目对对象的划分当中，把农民工子女划分到社会关注群体中这一因素，而农民工子女依然可能是贫困生的范畴的话，作为第二位权重的贫困生对象的频度可能还要高。这样一来，本项目对象的最突出的要素即是学习优异学生和贫困生。

可以看出，这是一个基于慈善公益架构下、汇集了所有成长成才优秀品质的特殊的青少年集体。这样的汇聚本身就彰显了项目所倡导的冲破阶层固化、促进交流与学习的活动宗旨。"中原骄子"系列行以"知行合一"的核心思想重构了助困学子共同体、创造了贫困学子成长共同体、构建了青年理想奋斗共同体，为青少年公益事业创新发展做出了有益探索和突出贡献。

四、项目设计

1. 项目目标——打破阶层壁垒，促进全体青少年健康成长；关注思想，关注时代

初始目标：冲破阶层固化，弘扬传统美德，促进困难家庭青少年健康成长。

延伸目标：关注思想，关注时代。

项目目标是项目构成的核心要素，其孕育既是源自社会的需要，也是源自项目主体（主办者）的责任使命和工具具备，三者之间呈现出相辅相成、互为依托的关联。因此，在项目目标的设定上，在确保长久性和稳定性的基础上，必然随着社会的变迁、国家需要和条件的改变而发生一定改变，从而才能确保其实施过程中的合理性、价值性、有效性以及可行性。

　　"中原骄子行"公益行动始于 2007 年，当时的国家发展以及河南的发展更加注重对人才的培养和对弱势群体的帮助，由此决定了项目的发端更多的是基于破除阶层固化，促进贫困家庭青少年健康成长、促进青少年成才就业的宗旨。早期的项目以"寒门骄子行"命名，在一定程度上也显示出项目目标的侧重点。

　　党的十八大以来，随着党和国家对青年工作的日益重视，特别是随着党和国家对青年思想教育工作的高度重视，"中原骄子行"公益行动开始逐步增加思想教育的元素和时代精神的元素。由此推动活动开始向思想教育领域延伸。逐步形成了以促进多元阶层青少年健康成长为基础，以崇尚自强不息、不畏苦寒、刻苦学习、奋发向上的传统美德为人生支撑，以高擎爱国主义旗帜和弘扬时代精神为引领的新的目标导向的形成。

　　2. 项目方式——游学访问式教育

　　本项目开展的基本方式是游学（教育）。

　　游学（教育）是深受青少年欢迎的重要的学习、教育方式之一，又被称为"行走在山水之间的课程或教育"。早在春秋战国时期，游学已成一时风气，经过汉朝到唐代的发展，到了宋、元、明、清已达到了鼎盛。清代教育家钱泳在其《履园丛话》中说："'读万卷书，行万里路'二者不可偏废"，可谓把"游学"教育的重要性与理论教育的重要性视为平起平坐的手段。事实证明，游学在青少年成长过程中具有较高的教育价值：一是有助于学生的综合能力的提高和眼界的开阔；二是文化传承的重要载体，是全球化进程中实现文化认同的重要手段；三是以柔性方式进行国民教育、实现国家认同的必要手段；四是有力地协调了区域教育发展不平衡的状况，满足弱势群体和偏远地区有志者求学成长的要求。

　　由此可以认为，本项目所采取的活动方式与项目目标的实现具有较高的匹配性。换句话说，采用游学方式，对于实现促进贫困青少年健康成长等项目目标的实现具有较高的有效性。

　　当然，游学是否有效还要取决于对一系列要素的控制，这里主要包括目标控制、过程控制和资源控制。

目标控制是指以目标为评估标准的管理控制。在"中原骄子行"活动中基本上是以"主题"引领的方式而展开。通过活动主题的明确，从对象的招募、活动方式的设计以及资源的配置，都紧紧围绕着主题展开，逐渐形成并确立了特色鲜明的主题式游学模式。

过程控制是指直接对教育过程采取跟踪、分析、监督、调整的管理方式。"中原骄子行"通过建立辅导教师陪伴制度、项目负责人追踪制度，严密控制全程教育质量。

资源控制特别是教育资源的控制对游学效果具有关键性意义，如教育资源高端性、教育资源的辽阔性、教育资源的稀缺性都会对游学的效果产生影响。一般而言，教育资源的层次越高，教育的效果越好；教育资源的外延越宽阔，其视野效应也越高；教育资源的相对稀缺，也会增强其对人的影响力和吸引力。在此方面，"中原骄子行"活动可谓极尽所能，把资源的控制做到了极致，借助共青团的政治影响力和组织协调力，通过对全国范围内的资源整合与调度，在知识学习、眼界开拓、思想转变、心灵震撼等方面，给青少年教育带来了空前的效果。

3. 项目资源——组织资源、教育资源、资金资源、内生资源

项目资源是指项目运行所需的组织保障、教育素材、人力支持、资金资助等，是完成项目的重要手段，也是达成项目目标的重要保证。"中原骄子行"项目经过近十年的探索，形成了以团青组织推动为主导、以企业支持为协同和保障、以社会教育资源为依托、以挖掘和激活内生教育资源为创新的资源整合架构。

（1）组织资源。"中原骄子行"项目参与者均为来自中原大地的青少年佼佼者，他们或成绩优异，或品格高尚，或奋发有为，代表着青少年正确成长的方向与时代精神。这就决定了项目的主办方必须是具有较高层级、较高权威、具有强大统筹能力的团队。共青团组织是党团带领青年的群团组织，省青年联合会是凝聚各界优秀青年的群团组织，他们以及由他们的相关组织作为该项目的发起和主办方，可谓当之无愧。

这里特别需要强调的是，作为项目主要发起人和赞助方，河南蒲源集团董事长徐胜杰，还是项目的直接参与者和亲历者。十年中的每次出征都会听到他殷切的送行嘱托；十年中的一些重大活动，都有他相伴相随的身影。他自始至终都以支持者、组织者、引领者和陪伴者的身份为"中原骄子行"公益行动保驾护航，坚定地践行着企业家责任与精神，创造出特有的"共青团 + 青联组织 + 企业家"的"中原骄子行"项目组织体系。

（2）教育资源开发与利用。教育资源是教育过程所占用、使用和消耗的人力、物力、政策、素材等方面的资源，其中既涉及国家国民教育体系的教育资源（高等教育体系），也涉及来自社会教育领域中的社会教育资源（如爱国主义、红色教育、素质教育基地等）。教育资源特别是社会教育资源的开发和利用是青少年社会性发展和良好品格培养的重要载体，也是许多发达国家的教育方向与重点。作为以青少年思想教育为重要使命的共青团和其密切联系的青年组织，已形成了以理想信念与社会实践为教育目标，以组织网络为覆盖，以"互联网 + 共青团"为推广，以与社会组织结成"协同"伙伴关系为连接的强大教育资源体系，为承担以青少年成长成才为使命的"中原骄子行"公益项目提供了丰富而有益的"营养"源泉。

（3）资金资源。同其他公益项目相比，本项目资金资助来源相对集中而明确。主要基于高度的企业家责任心以及奉献社会的博爱精神，由来自河南蒲源集团董事长徐胜杰全程资助。

其资金项目管理由企业委托共青团河南省委，在自觉接受社会监督的基础上全权负责。

（4）内生资源。相对于依靠外部力量而推动青少年教育与成长而言，对团队自身优势力量的发现与挖掘，是不容忽视的，同时也是项目能否取得更多成效的关键所在。"中原骄子行"项目所招募的青少年来自中原大地各个地区，是河南省品学兼优的优秀青少年代表，他们优异的品质和行为表现，对外部具有强大的感召力和引领力，对内部则能促进成员间的相互学习与提高，展示出强大而持久的内生教育动力（见图 13 - 2）。

当然，对这一潜质的资源的开发与利用，并非一蹴而就，手到擒来。根据西方社会学家库里（1909）的群体社会理论，由陌生人组成的群体在人际交往中，弥散着大量的精神防备、人格单一、情感抑制、角色固定等不良因素，严重制约着成长的冲动。如何冲破这一壁垒，是对项目的重要考验。然而，每一次活动的告别中，队员之间依依不舍、真诚邀约、相互勉励、携手同行的场面，都一次又一次上演，并永远定格在每一位菁英学子的内心，充分显示出项目组织者对这一内生资源的成功挖掘。

图13-2　队员间开展互动活动

　　2012年，由河南蒲源集团发起成立的"中原骄子蒲源学友会"，是为项目后学子进一步交流与学习而搭建的后续平台，也是这一项目内生资源继续"发酵"的生动表现。

　　4. 项目环节——注重招募工作的规范性和严肃性、注重活动仪式感的建立

　　像其他大型公益活动一样，"中原骄子行"公益活动也严格设定一定的工作流程，具体包括：对象招募、组织选拔、培训与出征动员、资源对接、活动开展、总结与汇报等过程（见图13-3）。需要指出的是，同其他公益活动相比，"中原骄子行"更加注重对象招募工作的严肃性和规范性、更加注重项目初始阶段（出征）的动员性和仪式性。根据项目目标的限定，项目对象的招募应该具有充分的代表性和地区覆盖性，为达到这一要求，项目充分调动共青团自身的组织资源和广泛的社会资源，做到公开、公正、全面而有效。与此同时，为争取更大的社会效应，培养和激发对象的神圣感和责任感，项目的初始阶段（如培训与出征），专门设定了特有的出征仪式，由领导出席并作重要讲话，加深加强教育影响、增强团队意识。

01	组织招募+社会招募	通过组织和媒体渠道发布招募信息
02	组织选拔	由主办方组织对象筛选
03	培训与出征仪式	开展培训、领导见面与送行
04	组织（资源）对接	通过组织（团组织）实现活动资源对接
05	活动开展	参观、考察、学习、交流
06	活动汇报、消息报道与总结	由主办方向领导汇报、致谢和总结；新闻报道

图 13 – 3　项目工作流程

五、项目变迁

1. 从政府事务导向转向社会公益导向——源于政府事务，成于"政府＋企业＋社会"的公益模式

不同于一般的从小到大的公益发展模式，"中原骄子行"在开始阶段更多的是顺应政府的要求，履行共青团承担政府事务的职责；而项目合作方（企业）则扮演提供赞助的角色。如 2007 年和 2009 年两次活动，均带有承担政府与港澳台青年交流的使命的属性，所选拔的受益对象倾向为菁英青年，招募渠道集中在共青团组织，目的地对接也多为政府机构。

党的十八大以来，随着"国家治理"理念的深入人心，政府开始逐步退出公益事业，社会力量开始接手。过去由政府包办的公共事业，逐渐成为公益领域的主力军。由此，"中原骄子行"公益行动才逐渐具有了"公益"的色彩。与此同时，随着政府色彩淡化，企业角色开始进一步提升。参加对象特别是困难家庭青少年的来源日渐广泛，对参与对象的权益服务意识也逐渐增强，展示出较强的社会公益属性。

2. 从满足自我成长转向契合时代主题——通过主题教育的模式，引领成长方向

追求发展、追求卓越是青少年发展到一定时期所产生的高级需要，其在行动上表现为探索、挑战、求知与继承。然而，如何健康成长，成长为一个什么样的人，是值得思考的。

传统的成长理论更多地局限于封闭式的自我成长，即只是单一地通过书本学习、学校教育来实现，而忽略对自然、对社会、对时代的认识，显然这种成长途径是狭隘的、短视的甚至是有害的。

针对传统教育的弊端，主题教育开始走向前台，成为时下引导青少年健康成长的重要取向。所谓主题教育是当下青年思想教育的重要的也较为流行的教育形式，是实施者为实现既定教育目标，组织动员青年围绕教育主题，依托特定的空间和社会场域开展集学习、交流、互动、现场感悟于一体的综合性教育活动，对于青少年成长的时代性、宽阔性具有重要的推动作用。

中原骄子行早期的活动多指向增长见识、交流学习、成长支持等内在需求。随着项目的发展，依据形势所需，项目逐渐顺应时代发展，契合时代要求。其主要表现为突出时代感，加入主题教育新元素，让公益充满时代气息、让公益与国家发展和民族进步同行。如自 2011 年以来推出并成功实施的"中原骄子·红色之旅""中原骄子·民族行""中原骄子·梦想行""中原骄子·井冈行""中原骄子·爱国行"等活动，充分展示出特色鲜明的带有主题教育模式的公益倾向。

3. 从单一贫困关注转向多元社会关注——贫困关注是主体，社会关注是补充

贫困关注是指对贫困群体的关注，是公益活动基本主题；社会关注是指随社会政策、社会事件以及价值的变迁而发生的对社会相关群体的关注，这些相关群体或因社会与环境的突变而成为社会的焦点，或因政策导向的转变而成为社会的痛点，或因社会的需要而成为社会的热点。从一定程度上看，社会关注的出现恰恰反映出社会发展进程的时代性和弥补性，公益的发展也开始突破仅仅对贫困的关注，关注社会之关注是现代公益的价值体现。从社会关注的性质看，或带有负性的社会贬低，或带有正性的社会支持，而公益所介入的社会关注，更多的是选择后者。研究表明，社会关注对于儿童的健康成长具有重要的意义（赵妍，2013）。

"中原骄子行"公益行动，在前期的 2007 年和 2009 年两次行动中，都以低于平均生活水平线为筛选标准，进行选拔招募，显示出浓厚的贫困关注倾向。随着国家对人才发展的急需和社会关注的焦点转移，也开始关注高考生中的佼佼者——高考状元，他们的加入虽然多少有点锦上添花，但也带有人才激励的意味，为"中原骄子行"公益行动增添了奋勇争先、积极进取的精神色彩；再后来，自2013年开始，因社会发展的主题变迁，一些特殊群体开始被吸收参加活动，他们或是革命军人的后代，或是援疆干部的子女，或是来自汶川地震灾区的孩子。他们的到来，让"中原骄子行"更具社会温度、更具政治高度，彰显出顺应时代、呼应政府的大义之举。

六、项目评估

在社会转型时期，随着社会多元化的发展，青少年问题已成为当今社会发展中的热点问题，它关系到国家、民族未来的生存与发展。青少年由于独特的身心特点，使他们处于个体发展历程中对社会发展变化最为敏感的时期，社会的多元化和多样性发展往往使他们难以把握时代发展的脉搏，有时致使迷失发展的方向。因此，探讨如何在纷繁复杂的社会发展变革中把握时代精神并用它来指导青少年的健康成长具有十分重要的意义。本项目的成功之处在于以成长成才的时代精神引领为切入点，力促个人改变、社会共鸣和榜样引领。

1. 个人改变——人生转折、视野开阔、自信增强、热爱生活、责任确立

改变基于个体所在的社会环境，这是社会心理学家班杜拉有关社会学习理论的基本观点。班杜拉的社会学习理论包含观察学习，他把观察学习过程分为注意、保持、动作复现、动机四个阶段，简单地说就是观察学习须先注意榜样的行为，然后将其记在脑子里，经过练习，最后在适当的动机出现的时候再一次表现出来。他认为以往的学习理论家一般都忽视了社会变量。

具有关键性的改变则源自人生中有意义的、非凡的经历，这对青少年成长来说更为重要。从积极心理学角度来说，这种非凡经历更能促进青少年产生"高峰体验"（马斯洛人本主义心理学概念），进而促进个体远见、自信、积极、洞察和潜能释放。从2007年至今，项目所到之处皆为国家经济发达地区和文化中心城市，所接触过的场所皆为国家重要领地，所见到过的人皆为青少年仰慕的党政领导和英雄模范人物，由此带来的心灵上的震撼与人生的触动也是前所未有的。

后来的他们在哪里？曾经的他们又有什么变化？

五年后、十年后，项目主办方先后两次对以往参加项目的青少年进行了随机寻访，寻访抽样率为 10%。总结近 40 余篇的回馈感受，以下词汇成为感言中出现频次较多的关键词：人生转折（41%）、开阔视野（38%）、自信（11%）、热爱（5%）、责任（4%）、其他（1%）（见图 13-4）。

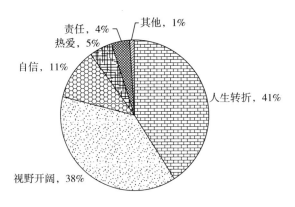

图 13-4 个人改变要素分布

（1）人生转折。人生转折是个体成长成才中的一个突变，也是人生历程中弥足珍贵的历史时刻，能与"中原骄子行"息息相关，足见其对成长的重要意义。在众多感言的字里行间，"人生新起点""重新思考人生目标""坚定人生的方向"等词汇跳跃其中，无不彰显出人生道路的再思考与再出发。

2009 年参加者王珊珊："中原骄子·台湾行"便是我人生中，挥舞起了美丽翅膀的那只神奇蝴蝶，现在的我已是北京交通委员会外事专员。

2012 年参加者庞克欣：真的感谢"中原骄子·民族行"，让那时的我树立了信念，要到基层去，到祖国最需要我的地方去，它对我的影响是一辈子的。

2014 年参加者王灏：在进入大学校门时期通过井冈山之行以后，先后向学校党支部、团学委提交数次入党申请书，现在已经是一名光荣的预备党员了。

（2）开阔视野。青少年的成长不仅来源于对书本的学习，而且来源于社会见识、人生经验。只有一边实践一边思考、一边行动一边观察，才能够形成对社会独特而深刻的认识和领悟。"中原骄子行"公益行动真正让来自偏远地区和困难家庭的孩子感受到了世界之缤纷和祖国之强大（见图 13-5）。

2007 年参加者张瑞娟：我像一只刚从井里跳出来的小青蛙一样，尽情地感受着天地的广阔和伟大。

图13-5　队员参观外交部、航天中心等教育基地

2009年参加者孙贝贝：我有幸参与河南省共青团统战部组织的"河南江油寒门骄子赴台湾交流活动"，第一次坐飞机，湛蓝的天空震撼到我和小伙伴。

2016年参加者刘迪：这次活动不仅拓宽了我的眼界让我对未来的生活、学习和工作有了一定的方向和认识，也使我养成了做事全面周到的良好习惯。

（3）自信增强。自信心是青少年成长的重要心理支撑。心理学研究表明，自信心的建立跟个人成长的家庭背景、个人的教育条件与方式、个人负性经历都有密切关系。现实情况表明，来自农村和困难家庭的孩子的自信心明显弱于来自城市和富有家庭的孩子。充分利用赏识、激励特别是借助重要人物关注与支持、借助增加见识开阔视野所带来的知识支撑与力量转换，提升青少年的自信心和自我效能，是"中原骄子行"的重要功能。

2007年参加者张瑞娟：渺小如沙的我带着一颗忐忑的心走进了河南中医学院。对学费的担忧代替了考上大学的喜悦。接下来的日子里，自卑的我一直生活在自己的世界里，小心翼翼地努力地前行。

2016年参加者康璇：总之，此行我收获颇丰，满载而归，不仅打开了寒门学子眼前的帘子，让我在面临即将迎来的大学生活多了一丝底气，至少不会像之前哪儿都没去过那样羞怯了。

（4）热爱生活。对社会予以接纳，对祖国、对人民充满热爱，对生活充满向往与感恩是青少年成长生命之本。"中原骄子行"行动以其自身固有的价值追求和情怀，默默地滋润着青少年参与者幼小而脆弱的心灵。

2012 年参加者庞克欣：而我的眼界或许也是在那一次打开了吧，我没想到，原来队伍里每一个人都是那么优秀，那么值得我去学习，原来祖国真的这么大。也正是因为这次西北行经历的和看到的一切，让我对西部这片土地产生了热情。

2014 年参加者梅笑寒：我其实是个骨子里不大愿意和人打交道的人，更愿意自己待着，而当时我们组的组长贺培文热情而坦诚，很快与大家极为熟稔。我现在仍清清楚楚地记得他当时讲自己跳水救人时的豪气与回家时的后怕，如果只是在报道里听到，我可能对他们的认知是"见义勇为""榜样"等，但与他们一同参加活动、相互了解，听他们用家常话甚至开玩笑的方式讲自己救人的故事，我会觉得他们特别可爱，特别真实。你看，世界是不是不一样了。

（5）责任确立。责任即是对使命的担当，是青少年成长的最高体现。十年的"中原骄子行"行动铸就了一批批勇于担当的时代青年。

2013 年参加者陈钦钦：这次夏令营活动为我们提供了一个相互学习、相互交流、深化共识、共同成长的平台，让我们知晓自己肩上的重任。

2015 年参加者霍婷婷：2015 年"中原骄子·爱国行"已经过去三年了，但是当时的一些经历仍然让我难以忘怀，时刻激励着我不断前行。

2. 成长案例——来自 2009 年河南优秀学子代表团台湾行参加者毕彤彤的自述

结缘台湾两岸青年携手创业行
——2009 ~ 2018 年的台湾缘

2009 年参加者：毕彤彤

当年台湾行活动经历了数月的选拔，从河南省初高中和大学中选拔了 15 名青年学子去交流，还记得自己穿着冬装在团省委选拔面试，直到 2009 年盛夏才成行前往交流。能够成为交流团中的一员，也是我所在市唯一的一名代表，是莫大的荣幸，我也倍加珍惜此次交流活动。

初见台湾

盛夏的台湾热浪习习，如同当地台胞的热情。还记得当时与所住酒店的员工交流，有亲戚在大陆的她也希望能多回大陆看看，而随着 2008 年末两岸三通，他们与大陆亲戚的联系更加方便和密切了。值得一提的是，与我们同行的还有刚在 2008 年经受了汶川地震的四川江油学子，他们无惧困难、乐观向上的精神也深深感染着我。

见微知著，台湾的教育素质的确很高。我还清楚地记着，我们在台北自然博物馆排队等待时，一群幼儿园小朋友正好也组队参观，一个小孩不小心将垃圾掉到了地上，与他同行的小男孩没有叫住他，便自己捡起垃圾放在口袋扔到了垃圾桶，这个画面我还时常想起。

还记得最后一天，我们在台北桃园机场与陪同我们行程的台湾的伙伴告别，大家都难舍这段珍贵的情谊，在机场都忍不住哭着隔着玻璃墙挥手再见。如今，当年同行的两岸三地小伙伴们还时常联系。

再续台湾缘

在台湾行的活动中，全程有十多位媒体老师跟团。当时我正处于高三，面临大学选专业的难题，一向对新闻感兴趣，早在小学时便加入省关工委的《关心下一代报》任小记者，我也趁机向同行的媒体老师们请教。

记得在台北的诚品书店，和时任《中国青年报》河南站站长的韩俊杰老师交流，他鼓励我学习新闻专业，这是一份很神圣的工作，而同时身为调查记者的他也告诉我，记者这份工作并没有表面看起来那么简单，压力很大、很辛苦。直到顺利完成本科和硕士的新闻学习，真正踏上媒体岗位，先后在界面·财联社和中国新闻社任金融记者，亲身经历后才明白韩老师所说的压力。压力的同时，更认识到工作的责任和使命，能用自己的文字帮到他人，为社会的清朗做出微小的行动。

与台湾的缘分还在继续。2018年4月，我与台湾的朋友一起创业做了区块链与金融科技的媒体和咨询平台PANONY。如今，团队中有五位来自台湾的小伙伴，他们大多毕业于台湾大学、台湾政治大学等名校。

曾经在台湾的经历，让我更加理解他们的工作生活习惯，他们的高素养和国际化的工作能力也成为我学习的榜样。我们两岸青年一起做创业打拼，也是两岸交流加强、优势互补的一个案例。相信未来还会有更多的台湾青年，愿意来大陆寻求新的发展机会。

改革再出发

2009年去台湾交流的时候，恰逢2008年改革开放三十周年，在台湾的诚品书店的显著位置也摆放了大量关于改革开放三十年的书籍、回忆录等。2018年适逢改革开放40年这一重要的历史节点，我在参与全国"两会"报道时也关注了这个话题，采访了诸多代表和委员。大家纷纷赞扬改革开放的伟大举措，一位创业者告诉我，在美国生活多年的他在20世纪90年代回到中国发现发生了翻天覆地的变化，当即决定回国创业。

"90后"的我们无疑是改革开放的受益者，我们品尝了改革参与者辛勤奋斗带来的美好果实，如今我们又成为改革开放的参与者，在新的时代格局下，通过自己的工作学习深化改革开放。

改革征程再出发，在世界格局发生了新变化的当下，我们"90后"也应该学习新的知识和本领，例如加强在专业技能方面的学习，加强与海外同业沟通，不断创新奋进，珍惜美好的改革硕果，并努力创造更好的成绩。

3. 较高的社会反响——媒体关注趋热、政府赞誉有加

"中原骄子行"公益崇尚中国优秀传统文化，引领青少年自强不息、刻苦学习、热爱家乡、报效祖国的时代精神，具有深刻而强大的社会认同基础，在全社会形成巨大的社会反响。每届活动的开展，均引起新闻界的广泛关注。其中《中国青年报》（网）、中国文明网、新浪网、网易新闻网、中原新闻网、凤凰网、搜狐网、《大河报》（网）、优酷网、《中国日报》、《河南青年报》等十余家大型媒体均作了重要的跟踪报道，如以主流媒体（《中国青年报》和《河南日报》）新闻报道字数为依据，新闻报道信息量呈总体上升趋势（见表13－4、图13－6），其相关消息的阅读量保持较高水平并引发强烈社会关注。

表13－4　"中原骄子行"公益项目的社会新闻报道

年份	项目名称	新闻报道网址	新闻报道信息总量(字节)
2007	寒门骄子港澳行	http：//zqb. cyol. com/content/2007 － 07/18/content_ 1829551. htm http：//news. sina. com. cn/o/2007 － 08 － 15/054312385738s. shtml http：//www. zynews. cn/2007 － 05/25/content_ 451333. htm	900
2009	河南江油优秀学子台湾行	http：//news. haedu. cn/SNZX/633737452800697831. html http：//gaokao. zxxk. com/article/45378. html http：//www. pdsxww. com/misc/2009 － 07/14/content_ 1172086. htm	700
2010	中原骄子·世博行	http：//newpaper. dahe. cn/hnrb/html/ 2010 － 07/19/content_ 350218. htm	1080
2011	中原骄子·红色之旅	http：//news. 163. com/11/0804/07/7AJKDHBI00014AED. html http：//henan. sina. com. cn/news/z/2011 － 04 － 13/63 －66717. html	1600

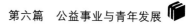

续表

年份	项目名称	新闻报道单位	新闻报道信息总量(字节)
2012	中原骄子·民族行	http：//qnzz. youth. cn/place/shengji/201208/t20120807_ 2336359. htm http：//www. wenming. cn/zyfw _ 298/yw _ zyfw/201207/t20120723 _ 769252. shtml	1200
2013	中原骄子·梦想行	http：//news. ifeng. com/gundong/detail_ 2013_ 07/30/28084259_ 0. shtml http：//news. ifeng. com/gundong/detail_ 2013_ 07/30/28080767_ 0. shtml http：//roll. sohu. com/20130730/n382958005. shtml	1080
2014	中原骄子·井冈行	http：//news. 163. com/14/0725/04/A1VLSCV500014AEE. html http：//news. 163. com/14/0725/00/A1V7RQ8R00014AEE. html http：//henan. youth. cn/bwzg/201407/t20140725_ 5559142. htm http：//www. iqiyi. com/v_ 19rrmu7zqo. html http：//v. youku. com/v_ show/id_ XNzQ1ODgxNzYw. html http：//news. zynews. cn/2014 - 07/25/content_ 9562962. htm http：//news. 163. com/14/0725/04/A1VLSCV500014AEE. html	1300
2015	中原骄子·爱国行	http：//news. youth. cn/gn/201507/t20150724_ 6918852. htm http：//www. chinadaily. com. cn/micro - reading/china/2015 - 07 - 24/content_ 14025955. html	1500
2016	中原骄子·向党行	http：//news. dahe. cn/2016/07 - 18/107170519. html	1400

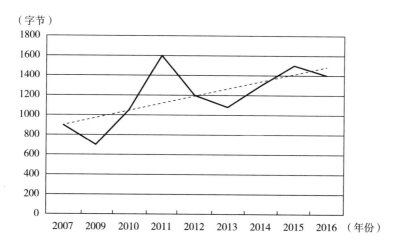

图 13－6　年度新闻报道信息总量变化趋势

与此同时，"中原骄子行"公益行动，也以其坚定的政治站位、中华民族优秀的文化价值影响、时代潮流的融入和对社会经济发展的积极推动获得了党政领导的高度肯定和政策支持。2007 年以来，每次出征，团省委和省青年联合会领导都会给予送行勉励，其中有四次出征，省级领导亲临现场，发表重要讲话，殷殷寄语青年（见图 13 - 7）。

图 13 - 7　出行前接受河南省委领导接见

4. 彰显无悔青春价值——时代楷模的加入，是对奋斗青春的加冕

青春的价值在于奋斗。20 世纪四五十年代小说《钢铁是怎样炼成的》主人翁所说的"当他回首往事时，不因虚度年华而悔恨，也不因碌碌无为而羞耻；这样在他临死的时候，他就能够说：我已经把我的整个生命和全部精力，都献给了这个世界上最壮丽的事业——为了人类的解放而斗争"的名言，曾经激励一代代青年投身祖国建设、无私奉献社会，涌现出雷锋、以邓稼先为代表"两弹一星"群体、青年突击队等众多模范人物和先进群体；改革开放时代，一群青年志士发出的"团结起来、振兴中华"的呐喊，始终伴随一代代有志青年融入改革洪流，创造辉煌业绩，涌现出张海迪青春奉献、杨利伟航天英雄等为代表的时代楷模；"现在，青春是用来奋斗的，将来，青春是用来回忆的"，习近平在各界优秀青年代表座谈时的谈话再次直击心灵、催人奋进，成为新时代青年成长成才的前进灯塔。

作为青少年成长成才的多元化典范群体，在"中原骄子行"公益行动中，有一群特殊的青少年熠熠闪光，那就是来自各领域的时代青年楷模：他们是三好学生、优秀学生干部、优秀团干部、"五四青年奖章"获得者、青年岗位标兵、

"感动中国人物"、十大杰出青年等。他们是新时代的鲜活的奋进者，他们的到来牵动了广大青少年追寻成长的目光；他们的辉煌完美地诠释了"奋斗的青春最美丽"这一时代的命题；他们的加入也让"中原骄子行"这一特定的群体有了奋斗价值指向。由此使"中原骄子行"公益行动，成为当下多元价值社会背景下，高举中国特色社会主义、弘扬中华传统美德、践行社会主义核心价值观的一面鲜亮的旗帜。

七、项目经验

1. 作为青年理想信念的引领者——立意高远，喻义深刻

按照马克思主义的幸福观，财产丰富而精神贫乏不是真正的幸福。真正幸福的人，是过着值得尊敬的生活。是人的各种精神力量（包括理性精神力量和情感、意志等非理性精神力量）得到充分发展的人，即其个性全面展开的人。人们要真正地得到幸福，人的精神要得到充分的发展，必须与时代精神紧密相连。从本质上讲，青少年健康成长的价值取向是与时代精神高度契合一致的。

"中原骄子行"站在理想信念的制高点，在坚持依托公益、为青年提供成长成才支持的基础上，把帮助青年确立正确的理想、坚定的信念作为重要任务，牢牢把握为实现中华民族伟大复兴中国梦而奋斗的时代主题，激发广大青年的历史责任感和奋斗精神，组织动员广大青年走在时代前列，使"中原骄子行"无论在社会公益层面还是在政府事务层面，都立意高远、喻义深刻，对于菁英学子思想认识形成来说，可谓刻骨铭心、深刻久远。

2. 作为培养担当民族复兴大任时代新人的责任者——聚焦菁英、铸就未来

菁英教育是培养高潜力青少年人群的精英意识与能力的教育，关乎国家与民族发展的核心与关键，历代统治阶层高度重视。随着国际竞争的加剧，精英教育也逐渐成为国家发展战略的组成部分。2018 年 6 月 29 日，在中央政治局会议上，习近平强调指出："要以更长远的眼光、更有效的举措，及早发现、及时培养、源源不断选拔使用适应新时代要求的优秀年轻干部，为党和国家事业发展注入新的生机活力"，凸显新时代高端人才培养的紧迫性。2017 年颁布的《中长期青年发展规划（2016～2025 年）》也首次提出实施青年英才开发计划：计划在重点学科领域培养扶持一批青年拔尖人才，统筹推进党政人才、企业经营管理人才、专

业技术人才、高技能人才、农村实用人才、社会工作人才等领域青年人才队伍建设。为开展精英教育、培养具有发展潜质的青少年优秀人才提供了政策依据。

党的十八大以来，习近平总书记从坚持和发展中国特色社会主义、实现中华民族伟大复兴中国梦的全局高度，从国家长治久安、党长期执政的战略高度，对青年学生成长成才提出了一系列富有创见的新思想、新观点、新论断、新要求，深刻回答了"培养什么样的人、如何培养人、为谁培养人""如何认识青年学生、如何教育引领青年学生、如何发挥青年学生作用"等一系列重大问题，形成了思想深邃、内涵丰富、科学完整的思想理论体系。刚刚闭幕的共青团十八大也再一次为加强青少年人才培养吹响了时代号角：共青团的根本任务是为中国特色社会主义事业培养建设者和接班人，在新时代，要担负起这一根本任务，共青团必须引导青年明大理、识大势、知大任、养大德，培养担当民族复兴大任的时代新人，源源不断地为党输送新鲜血液、锻造政治骨干。

同一般的公益项目注重普惠性不同，"中原骄子行"公益行动以培养担当民族复兴大任的时代新人为己任，聚焦菁英，铸就未来，鲜明地展示出共青团应有的历史担当与无可推卸的政治责任。在430名学子当中，他们或是品学兼优、聪颖绝学的菁英学子，或是自强不息、奋发有为的好少年，或是追求卓越、勇攀高峰的时代楷模，或是心心向党、传承优良的好儿女，无一不呈现出良好的发展品质和巨大的发展潜质。尽心呵护、用心培育，"中原骄子行"正努力成为他们迈向辽阔未来的关键一步。

3. 作为青少年成长成才的铺路者——弘扬优良传统、塑造自强品格

对于正在成长中的青少年来说，选择什么样的成长成才道路，成为什么样的有用人才，关乎国家兴亡，关乎民族命运。

习近平总书记指出："青年的价值取向决定了未来整个社会的价值取向，而青年又处在价值观形成和确立的时期，抓好这一时期的价值观养成十分重要。这就像穿衣服扣扣子一样，如果第一粒扣子扣错了，剩余的扣子都会扣错。"习近平总书记告诫我们，人生的扣子从一开始就要扣好。

中华民族是崇尚知识、崇尚智慧的优秀民族，"天行健，君子以自强不息"是中华民族优良品质的真实写照。"中原骄子行"公益行动秉承弘扬中华民族的优良传统和社会主义核心价值理念，以习近平"扣好人生第一粒扣子"嘱托为行动指导，大力培育和践行社会主义核心价值观，促进青少年爱国、励志、求真、力行，用一生践行跟党走的理想追求，为广大青少年的成长成才提供了正确指引。

4. 作为青少年权益的维护者——勇于担当，精心呵护

现代社会被认为是公民社会，而公民社会也被认为是权利社会，所谓权利社会即是人类的生活基础和核心就是权利，人的一切生活以权利为起点，又以权利的满足为归宿。维护青少年的成长成才权益是共青团和青联的基本职能之一，在行政上、法律上和道义上具有无可争辩历史性和必然性。在途径与方法上已经建立了相应政策体系、组织体系和执行体系，为维护青少年发展奠定了坚实基础。

"中原骄子行"公益行动以服务青年特别是弱势群体青年为立足点，挖掘公益资源，千方百计为青年营造社会关注、政府支持的良好氛围，维护青少年成长成才的合法权益，促进青少年特别是家庭困难青少年的健康成长。根据项目设定，关注贫困阶层青少年是"中原骄子行"最大的权重，在确保招募低收入家庭青少年的基础上，特别关注来自贫困线以下的、来自困难家庭的、来自社会福利家庭的孩子，以确保他们享有公正公平的教育权益、社会福利权益和成长过程中的人生尊严。由此使"中原骄子行"公益行动正成为河南省共青团维护青少年合法权益的有益尝试，成为让广大菁英学子和家庭困难青少年值得信赖的公益力量和知名品牌。

5. 作为社会资源整合的核心力量——纵横捭阖，视野宽阔

开展公益活动离不开资源的投入，但资源的构成、资源的配置形式、资源的整合机制、资源的使用方式都影响着公益的效果。大型公益活动的开展，其资源整合的方式主要有政策导向、组织推动、文化促进、市场（企业）参与、活动内生等方面。每种方式都有其自身的优势和局限，受资源禀赋、政策作用、时间条件等因素的影响产生不同的效果，而如何导向完美匹配，则是公益活动开展成败的关键。

作为社会组织的重要组成部分，共青团组织及其所指导下的青年联合会既具有一般性社会组织共有的非政府性、非营利性、自治性、组织性、志愿性、公益性或互益性等属性和特征，又具有合法性、权威性、整合性、代表性和优势性等不同于其他社会组织的个性特征。共青团是党和政府联系群众、联系青年的核心群团组织，是国家经济与社会发展中具有重要枢纽意义群团；青年联合会是党领导下的重要人民团体之一，是以共青团为核心力量的各青年团体的联合组织，是我国各族各界青年广泛的爱国统一战线组织、国家团结各界优秀青年的核心组织。"中原骄子行"作为共青团组织和青年联合会重点项目，可谓占据天时、地利与人和。项目从开始至结束无一不借助这一强大的组织动员体系和资源体系，跨地区、跨行业、跨组织，全面深入推进，从而确保项目开展的高质量效果达成。

八、项目发展

1. 未来的发展一定是基于以往发展的成功经验——完善"党政支持、群团主导、企业协同、社会参与"的行动模式

"中原骄子行"十年来所走过的历程，无一不凝结着党和政府殷殷关切与大力支持，无一不承载着共青团组织和青年联合会团结青年、教育青年的神圣使命，无一不寄托着全社会对青少年健康成长的殷切期望。

一般而言，公益是独立于党政机制与市场机制之外的第三方力量，但这并不意味着它一定要排斥党政机制。相反，当其目标与党政目标一致时，采取与党政合作的策略则是一种必然。党的十八届三中全会所提出的"推进国家治理体系和治理能力现代化"的国家全面改革发展目标，喻示着在党和国家和社会三者发展之间，存在高度的协同一致性，也喻示着借助党政资源推进正能量公益事业成为可能。

共青团组织及其所指导的青年联合会，是教育青年、团结青年的先进群团组织，其根本任务即是培养社会主义事业接班人和担当民族复兴大任的时代新人。通过搭建游学平台，引领青少年健康成长是教育青年的创新所在。

"青年兴则国家兴，青年强则国家强"；"再穷不能穷教育、再苦不能苦孩子"，自古以来，包括仁人志士在内的全社会，都强烈认同这些朴实而深刻的道理，全面关注青少年成长、青少年优先发展等理念，已成为厚植社会的优良传统和国家重要战略。

"中原骄子行"将继续传承和完善党政支持、群团主导、企业协同、社会参与的行动模式，继续加强党政支持力度，巩固和加强组织、企业和社会协调支持力度，继续加强和突出共青团青少年思想引领的政治优势。

2. 未来的发展一定是基于问题的解决——加强专业化和社会化建设，扩大资助来源，加强社会监督，增强工作透明性，发挥全媒体时代信息技术优势，扩大社会影响和社会关注

十年来，在赢得辉煌的同时，也出现了一些如资金来源问题、活动创新、行政化操作、新闻宣传策划、招募对象代表性等问题。这些问题的解决与否将进一步影响项目未来的发展。

资金是项目有效运行的前提条件，是实现项目目标的根本保证。"中原骄子行"公益行动的资金的唯一也是全程的资助方是河南省著名企业家徐胜杰，彰显出企业家非凡的社会责任感和家国情怀。虽然十年始终相伴如一，但项目资金来源的单一性，仍可能带来一些隐忧。从公益发展的资金依赖看，建立多元化的筹资体系是成熟公益的重要标志，其所带来的结果就是确保公益的持续和稳定，同时最大化保持社会的支持与关注。

项目的开展无论在内容方面还是方式方面，创新程度不够，进而会影响社会特别是青少年的参与度。"中原骄子行"公益行动主要通过"游学"方式开展活动，虽然"游学"是青少年喜闻乐见的活动方式，但长期固定的套路总会让社会产生审美疲劳，进而影响社会关注和社会参与性。

"中原骄子行"的项目团队是共青团组织，相比其他类型的群团组织，仍带有鲜明的政府主导性，其项目运作、组织、动员等机制，难免带有行政化痕迹。行政化推动虽然有助于效率的提高，但也存在某种惰性产生风险，存在脱离社会的风险。

新闻宣传不仅是品牌知名度和价值认同的关键，更是项目长远生存、持续健康发展及履行社会责任的关键所在，如何发挥新闻宣传作用，是"中原骄子行"公益行动所面临的一项任务。习惯于采用会议报道、会议精神的宣传方式，以及缺乏鲜活事例和细微故事的"空洞"报道，往往让人觉得空洞、枯燥，没有吸引力和生命力，无法达到理想的宣传效果。项目新闻的传播深度、传播广度、社会互动程度等均有待加强。

"中原骄子行"项目招募对象来自河南省各地，其对象招募的代表性和覆盖性将直接影响到项目本身的价值取向和社会反响。因招募渠道的限制、行政因素的干扰等原因，可能会削弱招募对象的代表性，也会导致覆盖面一定程度的偏差。

"中原骄子行"将进一步按照公益发展的基本规律，加强专业化建设。探索建立"中原骄子行"基金会，在更大范围内争取政府与社会支持；坚持创新发展理念，更加注重活动内容创新、活动方式创新；借鉴成功经验，引进专业化团队建设，加强智力支持；扩大社会招募渠道、加强社会监督，增强公益活动的透明性和公开性，提高招募工作的代表性和广泛性；在新闻传播和宣传方面，充分发挥和利用现代信息传播的全方位、深领域、及时性、同步直播性等技术优势，在更大范围内开拓社会知晓度和美誉度。

3. 未来的发展一定是基于未来的需要——以习近平新时代中国特色社会主义思想为统领，对接《中长期青年发展规划（2016～2015 年）》，对接河南发展新战略

习近平总书记在同团十八届领导集体谈话中强调指出："代表广大青年、赢得广大青年、依靠广大青年，是我们党不断从胜利走向胜利的重要保证；青年工作，抓住的是当下，传承的是根脉，面向的是未来，攸关党和国家前途命运；我们要有千钧重任在肩的神圣感使命感，倾心倾情倾力为党做好青年工作"。2017年 4 月，党中央、国务院颁布了《中长期青年发展规划（2016～2025 年）》，标志着青少年发展问题已纳入国家战略。2018 年 6 月 26 日，河南省委十届六次全会强调指出：要以党的十九大精神和习近平总书记调研指导河南时的重要讲话为统领，肩负起新时代中原更加出彩的历史使命。

因此，"中原骄子行"公益行动在未来发展上，要以习近平新时代中国特色社会主义思想为统领，以习近平有关青年发展重要思想为指导，在培养有理想、有本领、有担当的新生一代青年上奋发有为；积极与《中长期青年发展规划》对接，结合规划实施，实现与党政机构有关职能的有机衔接，积极承担政府青年事务，积极探索在公益架构下促进青年成长成才的结合点和着力点；与河南发展战略对接，在实现河南全面建成小康社会、"让中原更加出彩"的征程上，绽放绚丽的华彩。

参考文献

[1] 编辑部. 直击"富二代"的素质教育问题 [J]. 金融管理与研究（杭州金融研修学院学报），2009（6）：4 - 8.

[2] 蔡昉. 中国城市限制外地民工就业的政治经济学分析 [J]. 中国人口科学，2000（4）.

[3] 陈广锐. 新视角比较中西方志愿服务 [J]. 中国校外教育，2010（5）：46 - 50.

[4] 陈文峰. 中部地区大城市农民工市民化的障碍与路径——基于对郑州市509 位农民工的调查分析 [J]. 商丘职业技术学院学报，2019（3）：42 - 47.

[5] 范方，桑标. 亲子教育缺失与"留守儿童"人格、学绩及行为问题 [J]. 心理科学，2005（4）：855 - 858.

[6] 共青团广东省委. 广州青年创新素质分析报告 [J]. 中国青年研究，2007（5）：5 - 12.

[7] 共青团河南省委. 河南新生代农民工调研报告 [R]. 2012.

[8] 共青团中央编. 关于"蚁族"群体（北京地区）调研报告 [R]. 共青团中央信息专报，2010（2）.

[9] 谷建全，杨文才. 大力实施人才强省战略为经济转型升级提供强力支撑 [N]. 河南日报，2017 - 01 - 12（6）.

[10] 广东青年干部学院青年研究所，中山市青年志愿者协会. 广东省中山市社区志愿服务调查报告 [J]. 广东青年干部学院学报，2007（1）：8 - 12.

[11] 郭兵，徐幼萍. "三平"精神融入道德建设的路径研究 [J]. 学习论坛，2010（10）：57 - 60.

[12] 郭晓鸣，曾旭晖. 我省乡村振兴中农民工返乡面临的障碍与对策

[N]. 四川日报, 2019 – 07 – 04 (006).

[13] 国家统计局. 2018 年农民工监测调查报告 [R/OL]. http：//www. stats. gov. cn/tjsj/zxfb/201904/t20190429_1662268. html, 2019 – 10 – 31.

[14] 国家统计局. 中国统计年鉴（2015）[M]. 北京：中国统计出版社, 2015.

[15] 河南二季度人才报告 [EB/OL]. 大河网, https：//www. dahe. cn, 2019 – 11 – 05.

[16] 河南省社会科学院. 河南社会发展蓝皮书（2017）[Z]. 2017 – 05 – 25.

[17] 河南省文明委. 关于在全省未成年人和大学生中开展伦理、心理和生理知识教育的实施意见 [Z]. 2005.

[18] 河南省政府. 河南省国民经济和社会发展第十三个五年规划纲要 [N]. 河南日报, 2016 – 05 – 18.

[19] 河南省政府. 河南省中长期人才发展规划纲要（2010～2020 年）[Z]. 2015 – 06 – 18.

[20] 胡俊凯. 中国城市综合发展六大趋势 [J]. 瞭望, 2016 (48)：52 – 54.

[21] 胡玉坤, 刘文利. 进入国际发展议程前沿的"青年"——概念、多元政策议题与优先关注目标 [J]. 当代青年研究, 2012 (6)：14 – 18.

[22] 黄洪基. 2014 年中国都市青少年发展报告（第 1 版）[M]. 上海：上海交通大学出版社, 2015.

[23] 景峻洋. 论中庸之道对当代中国人的精神价值 [J]. 山西高等学校社会科学学报, 2018 (11)：67 – 71.

[24] 雷晓宇, 丁伟. 二代的诞生 [J]. 中国企业家, 2008 (21)：66 – 69.

[25] 雷晓宇. 富二代的狂飙生活 [J]. 中国企业家, 2009 (12)：128 – 131.

[26] 李恩文. 上海民间志愿服务组织现状及发展趋势探析 [J]. 东南大学学报（哲学社会科学版）, 2014 (12)：107 – 109.

[27] 李永鑫等. 农村留守儿童心理弹性研究 [J]. 河南大学学报（社会科学版）, 2008 (1)：13 – 18.

[28] 廉思. 蚁族（第一版）[M]. 桂林：广西师范大学出版社, 2009.

[29] 梁静. 坚持科学发展, 积极应对挑战, 为全省经济社会又好又快发展做出新贡献 [R]. 河南省工商联十届三次会议的工作报告, 2009.

[30] 刘洪会长在中国志愿服务联合会第一届理事会第五次会议上的讲话

［EB/OL］. http：//www. cvf. org. cn/show/4443. html（2015 – 12 – 29）［2019 – 11 –
01］.

［31］刘铭秋. 改革开放以来农民工的城市权利：演进逻辑与未来进路
［J］. 中共福建省委党校学报，2019（3）：78 – 86.

［32］刘双，刘万云. 河南人的性格特征及其形成的原因［J］. 天中学刊，
2000（4）：67 – 69.

［33］莫里斯·哈布瓦赫. 论集体记忆［M］. 毕然，郭金华译. 上海：上
海人民出版社，2002.

［34］穆骥飞. 中庸文化在大学生心理健康中的作用［J］. 黑河学院学报，
2018（6）：127 – 128.

［35］秦博. 破解"蚁族"——如何引导［J］. 中国大学生就业，2009
（22）.

［36］全国妇联. 全国农村留守儿童状况研究报告（节选）［J］. 中国妇医，
2008（6）：34 – 37.

［37］全国工商联. 中国民营企业发展报告［M］. 北京：社会科学文献出
版社，2005.

［38］申继亮. 透视处境不利儿童的心理世界（上、下）［M］. 北京：北京
师范大学出版社，2009.

［39］省委书记、省人大常委会主任徐光春在省委青年工作会议上的讲话
（2008 年）［EB/OL］. 河南省共青团网站，http：//www. hnyouth. org. cn（2008 –
11 – 17）［2019 – 11 – 05］.

［40］史全伟. 试论毛泽东青年教育思想及其实践［C］. 中央文献研究室论
文集，2012.

［41］王东虓. 河南省社科规划重大项目——青少年"三理"教育研究
［M］. 郑州：河南人民出版社，2010.

［42］王时浩. 论社区参与［J］. 中国民政，2007（1）：33 – 34.

［43］魏礼群. 党的十八大以来社会治理的新进展［N］. 光明日报，2017 –
08 – 07（11）.

［44］吴倩. 当前继承和弘扬中华优秀传统文化的主要途径［J］. 学理论，
2015（13）：197 – 198.

［45］许慧. 河南省未成年人心理健康状况调查与教育对策［D］. 郑州：

郑州大学，2015.

［46］杨小贞．河南新型农村社区建设面临的挑战与对策分析［J］．沧桑，2012（3）：122－124.

［47］杨雄．国家战略与青年发展［J］．青年研究，2006（12）：37－41.

［48］杨艳涛．社会变迁视野下的传统文化的演变及其教育意义的探析——以河南省汤阴县"送羊节"为例［J］．科教导刊，2012（23）：247－248.

［49］余逸群．我国青年发展战略研究理论和方法新探［J］．青年探讨，1993（3）：21－24.

［50］翟文．农村通婚圈缩小现象透视［J］．社会工作，1996（1）：29－30.

［51］詹欢，张捍东．对"留守孩"引发的农村中小学心理健康教育的思考［J］．党史文苑（下半月学术版），2005（8）：71－72.

［52］张广胜，田洲宇．改革开放四十年中国农村劳动力流动：变迁、贡献与展望［J］．农业经济问题，2018（7）：23－35.

［53］张国梁，卢小君．组织的学习型文化对个体创新行为的影响——动机的中介作用［J］．研究与发展管理，2010，22（2）：16－23.

［54］张丽．浅析农村留守儿童教育现状及对策［J］．人间，2015（34）：80.

［55］张萍，杨祖婵．中国志愿服务事业的发展历程［J］．当代中国史研究，2013（5）：41－45.

［56］张涛．焦作市新型农村社区建设的探索与实践［J］．资源导刊（行政综合版），2014（2）：17－18.

［57］张相林．青年科技人才创新行为实证研究［M］．北京：经济科学出版社，2011.

［58］张志刚，姚远．政府培育：我国 NGO 发展的根本途径［J］．世纪桥，2007（7）：49－50.

［59］赵潜，李艳娇．新时代农村留守儿童学校教育问题研究［J］．齐齐哈尔大学学报（哲学社会科学版），2019（3）：17－19.

［60］中共中央、国务院．中长期青年发展规划（2016～2025 年）［Z］．2017－04－13.

［61］周林，青永红．农村留守儿童教育问题研究［M］．成都：四川教育出版社，2007.

［62］周全，陈国富，肖金华等．大学生科技创新能力培养体系的探索与实践［J］．高等农业教育，2013，9（9）：87－91．

［63］周宗奎等．农村留守儿童心理发展与教育问题［J］．北京师范大学学报（社会科学版），2005（1）：71－79．

［64］朱玉霞．"地域歧视"的经典与谬误［J］．西安电子科技大学学报（社会科学版），2009（12）：87－91．

［65］祝建华．"富二代"的形成与群体特征分析［J］．中国青年研究，2009（9）：22－27．

后　记

　　自 2017 年参加第十三届以"青年发展规划的理论和实践"为主题的中国青少年发展论坛，所写论文"中部崛起战略下的河南青年发展战略研究"获论坛二等奖以来，撰写并出版有关河南青年发展方面的专著一直是我心中的梦想。这期间有学习有积累，当然更多的是思考，思考青年发展的本质是什么，青年的发展动力何在，青年发展的地域特色是什么，青年发展的伴随是何物等。无论结果如何，作为一种探索，我努力地把它呈现出来，也算是梦想的一种了却。为此，真诚感谢河南师范大学社会事务学院院长、河南省青少年研究会会长高中建教授拨冗审读书稿，并欣然作序，真心感谢一直陪伴和支持的青少年研究专家、同事、朋友和家人，感谢河南省团校为我提供的科研便利，感谢经济管理出版社为本书编辑和出版所付出的大量工作。

　　说到感谢，更要感谢这个伟大的时代。也正是这个伟大时代的到来，让青年发展成为一种关注，同时也让青年发展成为一种国家发展。身处这个伟大的时代，我们不能无动于衷，不能袖手旁观。唯有此才能不负青春、不负人生、不负国家与社会。

　　当然，由于个人水平有限，我深知一定存在很多瑕疵。也正因如此，更希望得到诸位专家和同仁的指教和帮助，从而获得更多更好的结果。联系邮箱：huxiangming@ sina. com。

胡湘明

2019 年 7 月 30 日于郑州市丰产路 26 号